孩子，为你自己读书

宋犀堃 编著

现代出版社

中国出版集团

图书在版编目（ＣＩＰ）数据

孩子，为你自己读书 / 宋犀堃编著 . –– 北京 : 现
代出版社 , 2022.2

ISBN 978-7-5143-9722-2

Ⅰ . ①孩… Ⅱ . ①宋… Ⅲ . ①学习方法 Ⅳ .
① G442

中国版本图书馆 CIP 数据核字 (2022) 第 030539 号

孩子，为你自己读书

作　　者	宋犀堃	
责任编辑	刘全银	
出版发行	现代出版社	
地　　址	北京市安定门外安华里 504 号	
邮政编码	100011	
电　　话	010-64267325　64245264（传真）	
网　　址	www.1980xd.com	
电子邮箱	xiandai@vip.sina.com	
印　　刷	三河市众誉天成印务有限公司	
开　　本	880mm × 1270mm　1/32	
印　　张	6	
字　　数	136 千字	
版　　次	2022 年 2 月第 1 版　2022 年 3 月第 1 次印刷	
书　　号	978-7-5143-9722-2	
定　　价	26.80 元	

孩子，你为什么读书？面对这样的问题，你可能会说：

"为了考试得高分！"

"为了不让父母失望！"

"为了让教师喜欢我！"

"为了……"

当你还在幼儿园的时候，对读书充满了向往和好奇，认为读书一定比在幼儿园玩的游戏更有意思。可是步入学校不久，你发现读书有时是很枯燥的，并没有多少乐趣可言。这时，你可能是为了避免父母责备、教师批评而读书；可能是为了受到表扬、赢得同学敬佩而读书。这样一来，你似乎只是为了别人而读书，久而久之，就会对读书失去热情和兴趣，无法在读书和学习中感受到快乐。

解决这个问题只能从自身入手，你首先要明白自己为什么而读书，从而把读书看作自己的事情，只有把"要我读书"变成"我要读书"，才能提高读书的主动性。

孩子，你为什么读书？从小的方面讲，是为了自己有所收获。当你通过读书学习，了解世界各地的风土人情时，当你走遍名山大川，看着美景听着天籁之音时，当你用一口流利的外语和外国人对话时，你不感到快乐和自豪吗？你不觉得大自然非常奇妙吗？所以读书是快乐的，读书是充实的，读书是幸福的。

孩子，你要记住：你并不是为了一纸奖状而读书，也不是为了家长和教师的表扬而读书。你是为了自己而读书，是为了获得知识而读书，也是为了收获快乐而读书。

如果你能清楚地理解是为自己而读书，那么读书就成了有趣的、能够决定自己命运的最紧要的事。只有这样，你的学习才是主动的、自觉的，而不是被迫的、压抑的。

读到本书，你的学习热情和学习动力将会得到有效激发，你会用更端正的态度面对读书与学习，你将在快乐与自信中掌握读书、学习的技巧和方法，真正做到自主学习、快乐学习。

目录

第1章
点燃热情，提升学习动力

确立目标，调动学习的主动性

激发兴趣，别让学习成为负担

快乐学习，从学习中体会到乐趣

第2章
端正态度，保持优良学习品质

第 *3* 章
树立信心，学习其实没那么难

建立信心，我也能成为学优生

调整心态，积极面对问题

第 *4* 章
夯实基础，抓住学习环节

学会预习，变被动为主动

第 5 章
高效学习，提高学习效率

▶ 第**6**章
做题攻略，掌握解题的思路

认真仔细，重视做题的每一步

第 **7** 章
深度记忆：拥有超强记忆力

第8章
用脑学习：掌握思考的窍门

主动思考，脑子越用越聪明

敢于质疑，多问几个为什么

大胆创新，提升自己的创造力

第9章
重视合作：充分利用身边资源

第10章
决胜考场：掌握应试技巧

第**1**章

点燃热情，
提升学习动力

有些学生对学习缺乏热情和动力，学习目的也不明确，似乎只是为了家长和教师而学习。解决这个问题，首先要明白学习的目的，从而把学习看作自己的事情，只有把"要我学习"变成"我要学习"，才能提高学习的主动性。

确立目标，调动学习的主动性

能在学习中有一个清晰的目标，并为实现这一目标而学习的时候，学习就不再是令人讨厌的、与自己人生无关的负担了。这时，学习就成了有趣的、能够决定自己命运的最紧要的事。这样的学习才是主动的、自觉的，而不是被迫的、压抑的。

有了目标，学习便有了方向

在一次班会上，教师问了这样一个问题：

"汽车进了加油站最想做什么？"

"加油！"许多同学不假思索地回答道。但是很快，他们从教师的眼神中看到了不满，于是又七嘴八舌地补充道：

"休息！"

"吃东西！"

"找人聊天！"

甚至还有同学答道："去上厕所！"

教师有些失望地说："其实，车开进加油站，最想做的是赶快开出加油站，重新上路！因为车的目的地在前方，它会一直奔向旅程的终点……"

原本热闹的教室一下子安静了许多，同学们开始思考。

其实，给大家讲这个故事，是想让大家思考一个问题：我们为什么要学习？学习的时候我们有没有目标？我们的目标何在？

"学习是为了将来更好地生存。"家长这样叮嘱。"学习是为了做一个高素质的人。"教师这样告诫。可是很多学生往往不想这么多，今天的作业还没写完呢，上午的物理题还没弄明白……一旦开始学习，似乎学习的目的就不那么重要了。相反，很多时候，学习成了一件无可奈何却又不得不做的事情。怎样学习，学习的技巧问题成为我们关注的重中之重。的确，学习技巧也是一门学问，但是，明白为什么而学比怎样去学更重要。也就是说，学习不可以盲目，必须学会为学习设立一个恰当的目标。因为，有了目标，学习便有了方向，并因此产生了前进的动力，从而有效激发我们的上进心，而达到目标后又会增加我们的成就感，继而获得更大的进步。

美国耶鲁大学曾做过这样一项跟踪调查。在开始的时候，研究人员问了参与调查的学生这样一个问题："你们有目标吗？"对于这个问题，只有 10% 的学生确认他们有目标。然后研究人员又问了学生第二个问题："如果你们有目标，那么，你们是否把自己的目标写下来了呢？"这次，只有 4% 的学生的回答是肯定的。20 年后，当耶鲁大学的研究人员在世界各地追访当年参与调查的学生的时候，他们发现，当年把自己的人生目标写下来的那些人，无论从事业发展还是生活水平上来看，都远远超过另外那些没有这样做的同龄人。仅就财富方面而言，这 4% 的人所拥有的财富竟然超过了余下的 96% 的人的总和！

这就告诉了我们这样一个道理：在做任何事情时都应该有目的性。学习也不例外，我们必须学会为学习设立一个恰当的目标。唯有如此，我们才能取得更大的进步。

学习目标的具体化同时也规范了我们学习的内容，如今的学习一方面是在提高个人素质，另一方面也是在为进入社会做技能准备。在目标的指导下，可以规划出几年内的学习体系，在这期间的每一种选择都是在丰富、充实它，就像我们入学时的课程选择，就是在为自己的专业方向规划一个学习体系。

在达到学习目标的过程中，有必要树立良好的学习态度。因为无论是目标还是学习内容，都是由自己掌控的，如果不端正学习态度，对学习的热情就无法长久保持，那么取得的学习效果就可能无法达到心中的期望值。

将大目标分解为小目标

在学习中，如果目标过大，长时间不能实现，往往容易让人产生懈怠心理。因此，就需要运用目标分解法，将大目标分解为一个又一个的小目标，去逐一实现。

运用目标分解法，可以将一个大目标分为具体的阶段性目标。如把长期目标，分解为一个个中期目标；把中期目标，分解为一个个短期目标；把短期目标，分解为周、天、小时、分钟的具体任务。无论你的目标有多远，都不用担心，当你把任何一个目标分解成具体的小目标之后，再集中精力一个一个地实现，这样，最终目标的实现就变得容易多了。

　　具体分解方法是：先把人生终极目标，分解为一个一个长期目标；再把长期目标分解为一个一个中期目标；再把中期目标，分解为一个一个短期目标；再把短期目标分解为一天一天的具体目标。这样一个阶段、一个阶段地去做，一个目标、一个目标地去实现，一点一点地去突破，就可以看到自己每个阶段、每一天的进步，能够及时不断地感受到成功的喜悦，增强成功的信心与勇气，从而产生实现下一个目标的动力。

　　将大目标分解为一个个阶段性的小目标，可以使目标更加具体化，你就能清楚地看到当前应该做什么，怎样才会做得更好。这可以使你漫长的学习生活变得有目标、有次序、有系统、有节奏，使繁重的学习任务变得轻松起来，从而让你在不知不觉中提高学习成绩。

名师点睛　学习的每时每刻都要有目标

　　在学习中，一节课、一天、一个月……都要有相应的目标，例如：

　　1. 我这一节课必须掌握好哪些知识？

　　2. 我这一天的复习要包括哪些内容？

　　3. 我这一个月的学习要达到什么效果？

激发兴趣，别让学习成为负担

如果我们对学习提不起兴趣，那么学习就会成为一种负担，成为一件令人苦不堪言的事情。家长和教师越是严格要求，越会让我们厌恶学习。只有对学习有浓厚的兴趣时，才会有强烈的动力，才会全身心地投入学习当中。

发现学习的乐趣

从前，有一种残酷的刑罚，就是让犯人把这里的石头搬到那里，运完之后再搬回原来的地方。几十年如一日地进行这种一成不变的操作，许多犯人因为感到无聊而痛苦不堪，最后发狂自杀。

对我们来说，被迫做"无趣"的事情，实际上是非常痛苦的，而有些同学时常就把学习看成无趣的事情。

的确，当我们还在幼儿园的时候，便对学习充满了向往和好奇，我们相信学习一定比游戏更有意思。可是步入学校不久，我们就发现学习原来是很枯燥的，简直没什么乐趣可言。这种心理有时会一直持续下去，甚至延续到高中和大学。最后我们也许学到了一些知识，但我们却根本没有体会到学习的乐趣。

只有当我们对学习有浓厚的兴趣时，才会有强烈的动力，才会全身心地投入到学习中。兴趣可以形成爱好，爱好可以发展为专长。当兴趣转化为旺盛的、长期持久的求知欲望时，就能使学习获得巨大成功。美国哈佛大学的有关研究表明：如果一个人对他所学习的科目有兴趣，那么，他的学习积极性就非常高，就能发挥他全部力量的 70%～80%；反之，积极性就会很低，只能发挥他全部力量的 20%～30%。

从某种意义上说，学习兴趣促进了学习成功，学习成功又会提高学习兴趣，这是良性循环；反之，对学习厌腻，学习必然失败，学习失败又加重学习的厌腻感，如此形成恶性循环。我们必须打破这种怪圈，培养良好的学习兴趣，让学习形成良性循环。

那么，如何才能培养自己的学习兴趣呢？

●从日常生活中发现学习的兴趣

我们之所以认为学习枯燥，是因为我们主观地把学习和生活割裂开了。如果我们能从生活中发现知识的作用，那么枯燥的知识也会变得生动起来，我们也就会对学习产生浓厚的兴趣。

●从自身的性格发现学习的乐趣

每个人的性格和喜好不同，对各种知识的态度也就不同。我们要允分尊重自己的选择，在自己喜欢的学科上尽情地施展自己的天分，但是不要完全放弃自己不太感兴趣的科目，也不要因为这些科目影响了自己的升学。

●参加丰富多彩的活动

多参加各种活动，不仅能让我们交到更多朋友，还会拓展我们的兴趣爱好。

●努力消除厌学情绪

凡事都要去尝试一下，不要因为自己不感兴趣就不去做，试着找寻其中的乐趣，就像挖宝藏一样，说不定我们慢慢就会喜欢上了。不要一味地迁就自己，努力消除自己的消极情绪，把学习当成一件快乐的事情。

如何把学习兴趣保持下去

其实很多学生培养学习兴趣很容易，但把这种兴趣保持下去却很难。因为，重复而单纯的学习容易使人疲惫。一个人在学习过程中会遇到各种各样的问题，这些问题难免使人灰心丧气、头昏脑涨，学习效率降低。所以，学习中一个必要的环节就是为自己找新的刺激因素，保持自己的学习兴趣。

1. **新鲜的刺激比重复的刺激更容易使人兴奋。**要不断提出新问题，或者不断显露出问题的某个新方面。这会使自己受到新鲜的刺激，从而使兴趣油然而生。

2. **生动形象的东西比平淡、抽象的有趣。**当遇到平淡无味而又必须学习的知识时，如果把它们与生动活泼的学习形式相结合，则能提高学习兴趣。现在，一些学校在教学生外语时从唱外语歌、听外语唱片开始，往往能收到很好的效果。

3. **真实的东西比虚假、遥远的东西有趣。**曾经有一些学生利用录音机把书本内容转变成自己的声音，以提高学习兴趣。特别是有些书刊内容繁杂，或已看过多遍还是懵懵懂懂，再也提不起兴趣。此时可以改用朗读一遍并加以录音的方法，这样便把原来"要看的"变为"能听的"，而且是自己的声音，当然会有新鲜、亲切的感觉，学习兴趣自然而然就提高了。

4. **学习内容与实际需要相适应。**学习的目的是为了应用。当自己要学的科目很多或者想看什么书难以决定时，从自己最需要的地方下手，兴趣很快就会培养起来。

快乐学习，从学习中体会到乐趣

学习并不都是枯燥乏味的，如果你能从学习中体会到乐趣，自然就感觉学习是一件快乐的事情，学习起来也就更有动力了。

用自己最喜欢的方式学习

无论生活常识还是心理学研究都告诉我们，如果长时间做自己不喜欢做的事，往往会感到压抑和不快，甚至会越来越讨厌所做的事。相反，如果是做自己喜欢的事，则不仅会在当时感觉愉快、舒心，而且还会越来越喜欢做这样的事。学习也是如此，如果我们能用自己喜欢的方式学习，那么不但可以在学习期间有愉快的心情，而且还能使自己对学习产生浓厚的兴趣，越来越喜欢学习。这正是每名同学所希望的。

为此，我们要了解自己的学习方式。其实，我们每个人都有自己独特的学习方式，这种方式能使我们学得更快更好。有些同学在比较自由的情形下更容易获得最佳学习效果，他们不喜欢墨守成规，需要多一些自由选择的机会，如自己决定学什么、从哪儿开始学等。而另一些同学在按部就班的情形下学习效果最好，他们需要教师或家长告诉他们每一步该怎么做。

我们往往还会有这样的发现：有些同学用这种方法学得更好，有些同学则用另外一种方法学得好一些；有些同学喜欢独自阅读，有些同学则在群体中会学得更好；有些同学喜欢坐在椅子上学习，有些同学则喜欢躺在床上或地板上学习。

这些学习方式中，哪一个才是最好的呢？答案不是绝对的，只要是自己最喜欢、最适合的，那就是最好的。学习是个人行为，必须采用自己喜欢的方式进行。

学习最重要的是技巧，也就是善于利用自己最喜欢的方式。如果学生只知道循规蹈矩、按部就班地照着那些所谓的"最好的"学习方法来学习，效果可能会更差。同时，学生在平时的学习中也不要总是一味地寻求最好的学习方式，只要自己喜欢的就是最好的。如果喜欢看电影、电视，就从影像资料中学习；喜欢看报纸杂志，那就从阅读中学习，但必须牢记一条：这种办法一定要和自己所学的课程有机地联系起来。

学习应该是件快乐的事，我们不能因为一些毫无必要的桎梏而影响学习。我们应以快乐而轻松的心态主动寻找一种自己最喜欢也最适合自己的学习方式来学习。唯有如此，我们才会对学习更有兴趣，学习效率也才会更高。

在学习中保持心情愉快与轻松

心情能制约学习效果，如果能有效地控制自己的心情，始终保持愉快和轻松，就能使自己的大脑处于最佳学习状态。

当心情愉快的时候，我们的大脑就处于最佳学习状态。我们都有这样的体会：当自己心情欠佳、烦躁不安时，再美味的食物也引不起食欲，而当心情愉悦时，哪怕是一顿普通的快餐，也会吃得非常愉快。

学习也一样，心情愉快时，学什么都不觉得困难，都很乐意去学习，效果自然不错。心情不好时，就很难学得进去，看了半天也不知道自己学了什么，效果自然很差。

哈佛心理研究中心的嘉西尔教授曾经做过一个有趣的试验：他把50名学生分成两组，一组以愉快的方式上课，一组以不愉快的方式上课。一个月后发现，在愉快气氛中上课的学生，多数学习效果不错，对所学的东西大部分都能掌握。而另一组学生的情况明显就差得多了，他们甚至想不起自己在这一个月中都学了什么。

这项试验说明，心情能制约学习效果。谁能有效地控制自己的心情，始终保持愉快轻松的状态，谁就能取得更好的学习效果。这就需要你能很好地控制和调节自己的情绪，从而使自己始终处于最佳学习状态之中。

我们要始终保持愉快的心情，不随便让自己的情绪受到影响。在刚开始学习时，就不要把学习当作一件枯燥乏味的事。事实上，一开始我们认定的好与坏，并不一定是客观的。要知道苹果好不好吃，不能单凭主观印象，而应耐着性子细细品尝，尝出了味道，我们就会觉得很好吃。

学习也是如此，一开始背英文单词，我们可能会觉得枯燥乏味，但是坚持下去，当我们能试着把课本上的英文翻译成中文，或结结巴巴地用英语同外国朋友对话时，我们再学习英文，一定会有好心情。这种方法叫作"展开学习法"，它有两层意思：一是纵向，即在原来的科目中深入学习，比如，多看些和该科目有关的课外读物；二是横向，即把所学多科的知识有机地联系起来，比如，用学到的数学知识去解答物理、化学题等。

这种方法能帮助我们深入地学习，这是一件无与伦比的乐事，会让我们在学习中一直保持愉快的心情。

在学习中，免不了会遇到不喜欢学的科目，在面对那些原本就讨厌的东西时，有些人往往选择逃避，但长此以往，必定会严重影响成绩。但如果勉强去学习那些我们不喜欢的科目，学习效果也一定会大打折扣。

面对这种情况，你可以用"自我奖励"法予以暗示：如果我读完了这本书，或掌握了这门功课的某一部分，证明确实已经学到知识后，我就可以去学自己喜欢的科目了。

如何度过学习消沉期

　　有时，学习到一定程度时，就会感到疲倦、消沉、进度减慢、效果变差，不管你如何努力，都感到力不从心，你的学习处于一种停滞状态，这种状态在心理学上被称为"学习的高原时期"，或"学习消沉期"，这是每个人都会遇到的。在这个阶段，往往容易使自己对学习丧失信心，甚至在情绪上产生大幅度的波动。遇到这种情况，你不必大惊小怪，可以采用满不在乎的态度，仍像以前一样继续努力。要相信，这种状态是暂时的，到了一定程度是会有转机的。

　　有很多人感到学习不愉快，甚至压力重重，一点也体会不到学习的乐趣。这些学习压力大部分来自心理冲击。专门研究焦虑与压力的心理学家沙里曼认为，增加学习者自信与乐观的心理，会降低他们心理上的压力。压力过重的学习者在接受其规划的课程后，近六成的人可以走出心理压力的旋涡。

　　一般而言，多读一些励志的书籍或名人传记，多接近乐观上进的朋友，有助于你产生乐观向上的心态。

第**2**章

端正态度，
保持优良学习品质

在学习中，有的学生不想吃苦，总希望能投机取巧走捷径；有的学生缺乏毅力，总是三分钟热度；有的学生则容易骄傲自满，稍有点成绩就飘飘然……解决这些问题的方法就是尽快端正自己的学习态度，让自己保持勤奋、专注、坚持、谦虚等优良的学习品质。

勤奋刻苦，矫正骄傲心理

在学习中，只要还存有一点取巧、碰运气等不劳而获的心态，你就很难全力以赴，也不会在学习中取得多大的成绩。只有克服自己在学习上的惰性，才能使学习成绩有效提升。

只有勤奋才能提高成绩

曾经以 641 分的优异成绩考入北京大学新闻与传播学院的孙强同学曾说：

之所以在这里强调"勤奋"的重要性，是由亲身体验而来。首先我要讲清楚一个概念，勤奋并不等于整天坐在书桌前埋头苦读。汗水只有和正确的方法结合才能被称作"勤奋"，否则，只能算是蛮干，只有傻瓜才会选择蛮干。说实话，大家的智商是相差无几的。既然你现在还和其他人坐在同一个课堂，那就说明你的智商和你身边的人大致是在同一个水平线上的。你们之间的细微差别也都是经过你们的心理放大作用之后的结果，其实你和你的同桌之间聪明和愚笨的差别远比你们想象中的小很多。在这样的情况下，怎样才能使自己脱颖而出呢？答案只有一个——勤奋。这就好比两个设备一样的工厂，怎样才能生产出更多的产品呢？只有加大机器的使用频率，才可能在竞争中胜出。

无论你自认为是聪明还是愚笨，只要你拥有了勤奋，你将战无不胜。因为在勤奋的积累之下，一切差距都会被填补，一切优势都会被颠覆。

确实如此，学习中的差距并非不可逾越，关键就在于你是否具有孙强同学所说的那种态度——勤奋！

成功与勤奋是一对孪生姐妹，成功是在勤奋的汗水里一点一滴地积累起来的，是在勤奋学习的过程中逐渐汇集出来的。绝没有突如其来的辉煌，勤奋的过程就是走向成功的过程。

对学生来说，勤奋学习是指在不影响身心健康的前提下，充分利用时间，积极、刻苦、主动地学习，最大限度地完成力所能及的学习任务。

那么，怎样才能养成勤奋的习惯呢？

●通过劳动培养勤奋

勤奋不仅表现在学习上，更表现在工作和劳动上。当我们走进社会后，勤奋就直接表现在工作中。因此，从小就要通过劳动来培养勤奋的好习惯。

首先，要以父母为榜样。许多时候，父母会做一些艰苦的工作，例如，在非常恶劣的环境中长时间地从事体力劳动，做一些又脏又累的活等。我们应该学习父母的这种勤奋。

其次，让父母在日常生活中设立劳动付费项目。比如，拖地 1 角、收拾自己的房间 5 角、洗碗 1 元等，使自己明白，零花钱需要通过自己的劳动去赚取。这样做的目的就是要使自己懂得，只有通过劳动才可以有所收获，懒惰的人是什么也得不到的。这样，长大后，自己就能够勤奋地工作了。

● 用志向激励勤奋

俗话说"有志者事竟成"，树立了远大的志向，就能用这个志向激励自己勤奋，从而实现自己的理想。

李嘉诚从小就树立了做船长的志向，并向着这个目标不断努力。虽然他最终没有做成船长，但他一直以船长的要求去经营他的公司和人生。他喜欢把自己的人生比作一条船，喜欢把自己的李氏王国比作一条船。他曾经自豪地说："我就是船长，我就是这条航行在波峰浪谷中的船的船长。"

在现实生活中，要明确自己的志向，并朝着志向不断努力。

● 让勤奋成为习惯

勤奋需要时间和精力，所以要讲究方法。在做到勤奋、实践勤奋的方式上要讲究策略，不能一味地认为花费大量的时间和精力就是勤奋，那只会起到反作用。勤奋是一种精神，也是一种方法，一定要按照最优效率原则形成规律，养成习惯。

不要让自己骄傲

现在的学生大多是独生子女，往往不能正确对待荣誉与成绩，有的拔尖逞能，有的盲目自满，有的沾沾自喜，有的把集体的成绩看成是个人的，有的瞧不起同学等。这些骄傲自大的不良习惯，最终会影响自己取得进步，甚至使自己脱离同学、脱离集体，失去目标，成为一个自私自利的人。而当今社会对我们的要求是，要想成就事业，首先就必须学会做人。因此我们应从小培养谦逊的品格，使自己养成戒骄戒躁的良好习惯。

那么，怎样培养谦虚的品格呢？

●认识骄傲的危害

骄傲自大的人就像井底之蛙，视野狭窄、自以为是，会严重阻碍自己继续前进的步伐。俄国生物学家巴甫洛夫在《给青年人的一封信》中这样写道："切勿让骄傲支配了你们。由于骄傲，你们会在应该统一的场合固执起来；由于骄傲，你们会拒绝有益的劝告和友好的帮助；而且由于骄傲，你们会失掉客观的标准。"

●全面认识自己

骄傲的产生往往源于自己某方面的特长和优势，应该先分析产生骄傲的原因：是学习成绩比较好、有某方面的艺术潜质，还是有运动天赋等，然后应认识到，自己身上的这种优势只不过限定在一个很小的范围内，放在一个更大范围就会失去这种优势；正确的态度应该是积极进取，而不是骄傲懈怠；并且优势往往是和不足并存的，应该努力弥补自己的不足。

当我们取得了一定的成绩，也确实是自己努力的结果，但是仍然不要忘记这里也包含着家长的培养、教师的教诲和同学的帮助。

另外，不正确的比较也往往容易滋长骄傲情绪。在班集体中，若以己之长与别人之短相比较，这样比较的结果，自然容易沾沾自喜，自以为什么地方都比别人强，因而看不起别人。我们应该开阔胸怀，走出自我的狭小圈子，到更广阔的地方走走，陶冶情操，了解更多历史名人的成就和才能，以丰富的知识充实头脑，变骄傲为动力。

● 正确面对批评和建议

正确面对批评和建议是终身的学问。骄傲自满往往也和不能很好地处理别人的批评和建议有关。

批评往往直指一个人的缺点，如果一个人能够接受批评，他就能够比较清楚地看到自己的缺点。对我们来说，评价自己时常会出现偏差，原因是"不识庐山真面目，只缘身在此山中"，若能经常听取别人的意见或建议，就能不断充实和完善自己。

适当地施加压力

古人云："人生如逆水行舟，不进则退"。当然，一个人给自己多大的压力，应当根据自己的承受能力而定。适当的压力，能让自己产生动力，去奋斗，去实现目标；而过大且超负荷的压力，就是不顾主客观规律与条件，想当然地给自己定目标，结果只能是说说而已，目标根本无法实现。我们都知道，一只气球是要通过压力将空气打进它的内部，才能成为能飞的气球，去装饰人们的生活，但若对其施以过大的压力，它就会破裂。如果把小轿车的弹簧钢板安装在 10 吨的大卡车上，那小小的弹簧还会体现其价值吗？

因此，给自己施加压力一定要适当，太小了，压而无力；太大了，极不现实。努力学习，创造条件，给自己制定一个个学习目标，施加一次次适当的压力，去努力实现这些目标，将压力变为生活与学习中前进的动力，我们就会活得充实而有意义，生命的价值也将会流光溢彩。

应该说，生活中给自己施加压力，就是自己给自己制定奋斗的目标。一个没有人生目标及计划的人，是盲目的人。盲目的人看不到自己的前途，有力无处使，或游手好闲，或无所事事，其实是在空耗自己宝贵的生命。人活在世上，勤奋是一生，懒惰也是一生。勤奋者为自己的目标而活，生命的过程充满活力，最终为生命创造价值。懒惰者浪费光阴，生命毫无价值可言。

适当地给自己压力，就是要懂得珍惜时间。人最大的压力就是生命短促，时不我待。前苏联昆虫学家柳比歇夫说："人最宝贵的是生命，但是，仔细分析一下这个生命，可以说最宝贵的是时间，因为生命是由时间构成的。"

给自己施加压力不是自我折磨，不是自己和自己过不去，而是不让自己的意志蜕变，不让自己的斗志消失，不让自己的聪慧迟钝，不让自己的脚步落后。落后就要挨打，停止就是毁灭。我们要努力让自己的激情永远高涨，让自己的思想永远闪光，让自己的脚步永远轻快有力，让自己的思维永远与时俱进。

名师点睛 如何保持对学习的热情

勤奋的前提是对学习要有热情，如果没有热情的话，就容易消沉，容易放弃。那么，如何才能保持对学习的热情呢？

1. **寻找学习中的快乐**。其实学习本是快乐的，但如果目的只是考试的话，这其中的乐趣就不容易被发现了，因此，眼睛别总盯着考试，虽然考试无法避免，但学知识才是真正重要的，当然，乐观主义精神也是必需的。

2. **寻找知识内在的关系**。举一反三能够提高学习效率，同时，当你发现你所学的知识能解决很多问题时，难道不想继续学下去吗？

3. **保持好的心情**。好的心情不仅可以使学习变得快乐，更重要的是，人在心情好时思维会比较开阔，学习效率更高。

全神贯注，学习不能三心二意

上课时要集中精力听讲，看书时要聚精会神，做作业时要专心致志，这是取得好成绩最根本的保证。有的学生很聪明，但学习效果很差，很重要的原因就是缺乏专注力。

学习需要专注精神

一般来说，良好的注意力应该具有以下几个特征。

●稳定性强

良好的注意力应该善于把注意力长时间地集中于某一对象上。比如，我们在教室里自习，有的人对教室内外的响动置若罔闻，专心致志地学习，这就具有良好的注意力；有的同学一听到窗外播放的乐曲就停止学习，一边用脚打着拍子，一边跟着哼唱，甚至一听到有脚步声，马上就抬起头来东张西望，这是注意力稳定性差的表现。

●范围广

良好的注意力应当具有较广的范围，能同时集中到众多的对象上。人们注意力的广度是存在很大差异的。有的人一个晚上可以把一本厚厚的小说看完，而且记忆的内容比较完整，甚至能背诵或复述精彩的片段和警句；同样一本书，有的人则需要花很长时间才能看完，而且记不住多少知识。

● 善于分配

良好的注意力除了能够集中在主要的对象上，同时还在一定程度上集中到其他对象上。例如，教师在上课时，一边讲课，还要一边看教案进行板书；学生在听课的同时，还要不时地做笔记。注意力的分配是有条件的，在进行两种或多种活动时，其中有一种必须非常熟练，甚至达到自动化的程度，不需要多少意志控制就能进行。如果不能达到这种程度，就不可一心二用。

训练注意力的技巧

下面是几种训练注意力的方法，希望同学们在日常学习时注意加强练习。

● 回忆法

努力回忆这门课上次讲到了哪里、它的重点是什么、自己究竟掌握了哪些，无论对这些问题能否回答，只要你在考虑，那就说明你已经不知不觉地将自己的思想纳入了这堂课的"轨道"。

● 目标转移法

仔细观察室内的某一件物品，看清楚它的形状、颜色、制作材料和其他特征，然后闭上眼睛回忆一遍，再睁开眼看看回忆得对不对。这时你就会发现脑子里原来的东西已经被"清除"出去了。

● 深呼吸法

闭上眼睛，慢慢地吐气，再慢慢地吸气。这样重复 10 ～ 20 次，就可以把与学习无关的想法都抛到九霄云外。

● 静坐法

练习此法时，脑子里不要想任何事情，静静地坐着，眼观鼻、鼻观口，约半分钟，脑子就会平静下来，这时候再学习就很容易学进去了。

● 聆听法

凝神细听你周围发出的某一种声音，而对其他的声音则"听而不闻"。这种声音越轻微，注意力也就越容易集中。有个女同学听时钟的嘀嗒声，第一天 10 次，第二天 15 次，第三天 20 次，逐次增多，每次都做到只听见嘀嗒声而听不见其他声音。半个月后，她养成了专心致志的习惯，学习时很少受到外界因素的干扰了。

学习环境对注意力的影响

　　要使自己的注意力集中、稳定，选择的学习场所要单纯、固定。所谓单纯，即将无关的图书杂志放在视线之外，各类必需的书籍文具放在固定的地方，以免因寻找而中断学习，这就像烧锅炉时煤就要放在锅炉旁边一样。在固定的场所学习，容易定下心来。你一旦坐在自己的书桌旁，就很容易使情绪稳定。

　　另外，学习环境也非常重要，应尽可能满足如下条件：空气清新（通风）、光线充足、安静舒适、没有使你分心的干扰源。学习时不宜谈话。有的同学认为边听音乐边学习效果好，实际上这种做法对学习总有一些妨碍。

持之以恒，坚持下去才能有收获

在学习中，没有捷径可走。在看准目标和方向后，必须以坚韧不拔的态度紧追不舍。那些在学习中暂时落后的人，缺少的正是这种坚持、坚持、再坚持的学习态度，缺少的正是在困难面前再努力一点的心态。

坚持是最重要的学习态度

大厦是由一砖一石垒砌而成的；登山运动员的成功是一步一步攀登出来的；商业的繁荣是靠一个一个顾客带来的。学习也是一样，没有谁能一夜成功，所有的成功都是多年坚持、不懈努力的结果。

啜玉林是一位学优生，在谈到他的学习经验时，啜玉林同学说：

如果说应试教育对学生成长有好处的话，那么培养学生踏实做事的毅力就是最大的好处。学习的毅力表现为遇到挫折不服输，遇到困难不低头，能够通过自己的努力克服自己学习的薄弱环节，简单来说，就是能够挺过最困难的时期。

我以我的实际经历向大家说明在一定时期挺住是多么重要。我的空间想象能力很差，所以从初中开始，几何就一直学得不好。到了高中学习立体几何，我简直就不知道教师在课堂上讲些什么，因为我连最简单的三维图形都不会画。所以，整个高一我都仿佛生活在噩梦之中。我曾经自暴自弃，在上几何课的时候做代数习题。后来，我实在没办法，只好找教师寻求帮助，教师鼓励了我，他说立体几何对一个人的空间想象能力要求很高，并不是每个人天生就能学好这门课。要学好就必须下苦功夫，只要挺过了开始这段最难的时间，就可以掌握立体几何的知识了。他要求我抄书上的定义、定理，并找出它们之间的关系；如果不会画图，就描书上的图；对书上的例题，也要在笔记本上抄几遍。

我真的照教师的要求做了，结果发现在抄书的过程中，我对基本概念、基本定理的理解加深了，发现它们构成了一个有机的整体，一个概念可以引出另一个；这个定理是以那个为基础的。我虽然不能把立体图形画得很美观、很合比例，但是已经能够看出线、面之间的关系。就这样，我挺过了最艰难的时期，立体几何的其他内容，例如各种多面体、圆柱、圆锥、球体，就不会对我构成任何障碍。最后，期末考试我立体几何考了满分。

我觉得学习中培养的毅力，不但在整个学习阶段让人受益匪浅，而且对一个人将来的生活也有很大的好处。所以，我希望中学生朋友们能够在学习过程中，克服遇到的各种困难和挫折，培养踏实的学风和吃苦耐劳的精神。

看了啜玉林同学的经历，或许有人会问，如果这种坚持徒劳无功，一直看不到效果，那不是莫大的浪费吗?

事实上，只要方向正确，能坚持不懈地探索，尽管可能暂时看不到大的成果，但在坚持的过程中肯定会获得一些较小的成果，别忘了，所有巨大的成果都是由一点一滴的小成果积累起来的。

有人曾经把学习过程和伐树过程联系在一起，对一棵参天大树进行砍伐，你开始的几斧可能没能在树干上留下明显的痕迹，你的每一击也好像微不足道。然而，若是累积起来，再粗壮的树也终会倒下。就像你在学习中背的每一个单词、演算的每一个公式、读的每一本书一样，只要累积得足够多，便会出现质的改变。

对学习来说，设定目标很重要，是否对所学的知识有兴趣也很重要，但能否坚持自己的目标、保持长久的学习兴趣更重要。有人会说:"永不放弃，除非……"还有人会说:"我一定要学会××，但是……"要知道，真正的坚持是不会为放弃找借口的。

通常，放弃的机会多得是，但要花更多的力气才能坚持下去。你在学习中必须学会坚持，因为你并不知道成功到底离你有多远。其实，有时成功离你比想象的要近得多。

尽管你有时似乎真的看不到希望，也感觉不到自己的进步，但你应该清楚:有时，进步是需要日积月累的，也就是说，只有坚持下去，投入才会有回报。

有人曾经针对中学生进行过一次调查，发现那些不能在学习中坚持下来的人，绝大部分是因为对所学的知识产生了悲观情绪，他们看不到自己已经取得的成绩，看不到自己已经学会了多少词汇、记住了多少信息，只看到自己最差的一面，挂在嘴边的都是"根本不可能成功""我永远也做不到"。一个人面对学习的可能性，如果连门都不打开，就已经自己打败了自己，这就等于是百分之百的失败。

当你在学习中感到难以坚持下去，准备放弃时，请看看下面的建议：

首先，在你已经准备放弃、认为"不可能成功"之前，先花点儿时间去寻找你认为不可能的事，然后从中找出一个别人成功的例子。例如，你认为你和某个朋友一样，已经不可能学会游泳了，但后来你的那个朋友经过多次练习，已经成为学校游泳队的队员了。当你找到成功的案例，就表示不能再用"不可能""永远不会"这些字眼儿了，世界上只要有一个人做得到，就表示自己也有可能做到。

其次，就是多想想你达到学习目标以后的情况。例如，你已经掌握了英语，并能熟练地与外国人对话等。这种对目标远景的展望能进一步激励你坚持做那些你已经想要放弃的事。

培养自制力，抵制不良诱惑

现在的学生大都物质条件优越，身边充满了各种各样具有吸引力的东西，电视、电影、游戏机、各种玩具，特别是网络都充满了诱惑。如果不能正确地处理学习和玩耍之间的关系，必然会严重影响学习。因此在学习上，要加强自制力，自觉抵制不良诱惑是非常必要的。

当然，中学生面对的诱惑有强有弱，有的对你来说本来并不算是诱惑。当你走进网吧时，努力使自己退出来，你的自制力便增强了一分；当同学邀你一起打球而你有其他安排时，果断地拒绝，你的自制力又增强了一分；你喜欢看电视，那么你就努力坚持让自己一个月不看电视，这样你的自制力就又增强了一分。久而久之，虽然会有痛苦、反复，但你的自制力已在不知不觉中养成了。

自制力是你在学习中取得成就的必要条件。缺乏自制力的人往往无法取得预期的成功。俄国伟大的文学家车尔尼雪夫斯基说过："一个具有崇高德行的人，能够把吸引他的一切多样的憧憬克服了，使之服从于他的主要憧憬。不错，为了这，他必须常常同自己斗争。"一些同学在高中学习期间，为了在学习上取得突出的成绩，放弃了很多娱乐和消遣，也适当控制了自己的业余兴趣，把98%的时间和精力放在了学习上。正是把"一切多样的憧憬克服了，使之服从他的主要憧憬"，他们才最终实现了考取理想大学的梦想。

不管是对你现在的学习，还是对今后的工作和生活，自制力都起着非常重要的作用，自制力越差，成功的可能性就越小。所以我们必须增强自己的自制力，那么怎样培养和增强自己的自制力呢？

那就是必须着眼于今天。不管什么事情，今天应该完成的，今天就一定要努力去完成，需要改正的，今天就一定要改正。只有这样，每一天都高标准要求自己，我们的自制力才会一天天地增强，才会保障我们的学习能够顺利地向着好的方向发展。

萧伯纳说："自我控制是强者的本能。"如果你想成为学习上的强者，那么你就得学会自我控制，坚决抵制各种不良诱惑。

名师点睛 给自己制定一些行为规范

提高自己的控制力，抵制各种诱惑，应该从日常行为习惯着手，从一件件小事做起。你可以给自己制定一些行为规范，采用量化的方式来自我评估。比如，贪玩的同学可以给自己规定放学后一个小时用于学习，然后才可以出去玩；爱花钱买零食的同学可以规定每天只花 1 元钱；爱随地吐痰、不拘小节的同学应准备一些手纸，把痰吐到手纸里。每隔一段时间，便要回过头检查自己制定的规范执行得怎么样。

第 **3** 章

树立信心，
学习其实没那么难

有些学生一旦在学习上遭遇挫折，或者处于低潮期时，往往会一蹶不振，认为自己天生不是学习的料，丧失学习的信心。如果处于这种情况，你首先要建立对自己的信心，走出消极心态的影响。相信自己通过不断努力和对正确的学习方法的掌握，最终能提高学习成绩，进入学优生的行列。

建立信心，我也能成为学优生

只要努力方向和学习方法得当，每个人都能成为学优生，不要轻易把自己归为学困生行列，恢复自己的信心是提高成绩的前提。

主动寻找成绩不好的原因

在学习的道路上是不可能永远风和日丽的，总会遇到一些困难和挫折。通常情况下，如果自己在学习中遭受了失败，人们都会不由自主地去寻找导致失败的原因。这些原因主要有以下几点。

1.内部原因与外部原因。他们可能把自己失败的原因归为自身以外的某些外部因素，例如，教师教得不好、学习环境太差、运气不好等；也可能归为自己的内部原因，如自己的基础知识掌握得不牢固等。

2.自己可以控制的原因与自己控制不了的原因。他们可能把自己的失败归结为自己可以控制的原因，例如，自己的努力程度是可以控制的；也可能归为不可控制的原因，如自己智力差，是控制不了的。

一般而言，把自己学习的成功或失败归于外部原因，容易形成消极、依赖、侥幸心理。把成败归结为自己不可控的原因时，容易形成听天由命、不负责任的心理，有时甚至会产生绝望感。因此，最好把自己的成功或失败归结为自己可以控制的、内部的原因，例如，用功程度、兴趣高低、基础知识掌握程度、知识掌握水平等。

有时，一些学生在考试考砸了以后，会说"我上课根本没有听讲"，或者说"我考试之前一点也没有复习"。最后再加上一句："你那么用功，才比我多这么一点分数！"从表面上看，这些学生显得有点"虚荣"，其实，这种态度说明他们还没有完全丧失自信和自尊。可如果他们把失败看成是自己"太笨""不是读书的料""永远学不好"等，那才是大问题！这说明他们对自己的学习根本就没有挫败感，也没有认识到自己在学习中存在的问题，那么，他们也不可能从失败中得到教训，更别提今后的改进了。

因此，在学习中积极反思，正确归因，才能找到解决问题的最优办法，逐步学会学习，提高成绩。

用暗示法树立信心

一个人能飞多高，能取得多大成功，在很大程度上取决于自己的心态。一个人认为自己有能力，就会觉得只要经过努力，就能克服困难，取得成功。这时，你所拥有的心态，是信心、希望、勇气、机智等积极的心态。你选择的方法、行为也必然是积极的，你跨步前进的方向也常常是正确的。而当你认为自己没有能力时，你就会觉得各方面虽然都尽力了却不能成功，你所拥有的心态就是颓废、悲观、失望等消极心态，这时，你所选择的方法、行为也必将非常消极，前进的方向很可能不正确，前进的速度很可能不快，决策时往往也会犹犹豫豫，最终往往会遭遇失败。

就像一位纳粹德国集中营的幸存者所说："在任何特定的环境中，人们还有一种自由，就是选择自己的态度。"

下面，我们来看看曾琪琪同学是如何说的：

很多成绩不理想的同学喜欢抱怨自己在学习上的"先天不足"，认为自己"不行"。这种不自信的态度是学习中最大的禁忌。它会使你难以经受住学习中的挫折。哪怕是一个小小的难题，再加上不自信，就可能使你从此放弃这门功课。所以，一定要相信自己。这并不是意味着要自诩为天才，而是意味着相信以自己的能力对付区区几门功课是足够的。偶尔遇到困难，也要告诉自己：这只是因为自己的聪明才智还没有得到充分发挥，而只要动动脑筋、多做练习，困难就一定能被克服。

也就是说，在学习中，你也不要有什么学优生和学困生的分别，那些所谓的学困生，只不过是在学习中暂时遇到了一些困难，只要自己不放弃，就一定能取得成功。其实，任何人都不可能在学习中永远顺利，如果缺乏乐观自信的心态和从失败中振作起来的勇气，就不可能有所作为。

中学生正处于人生的黄金时期，人生的道路刚刚开始。原本失去学习自信心或自信心不强的同学，应当从现在开始，就去找回原本属于自己的学习自信心，这样才能取得优异的成绩。

自信心不足的学生可用暗示法来增强自信，具体有以下方法。

●利用语言进行自我暗示

要经常对自己说"我能行""我能胜任""我很聪明"等自我鼓励的话，而少说或不要说"我不行""很难完成""学不会"一类的泄气话。同样的事实要用肯定的语气，如遇到一道难题，要对自己说"这道题是很难，但是我能做出来"，而不要说："这道题这么难，我能做出来吗？"通常两者所带来的效果是完全不同的。

●用动作进行自我暗示

心理学家认为，人的动作和姿势受心理的影响和支配，反过来说，心理也受到动作和姿势的影响。因此，可以借助动作来改变自己的心理状态。例如，在背课文和单词时不妨大声读出来，并尽可能地多呼气，就会收到意想不到的效果。也就是说，提高说话的声调，用洪亮的语气同样能提高自信心；要迎着别人的目光看人，表示自己的坦诚和信心，也容易赢得对方的信任；当你为某次考试或某道难题而心情忧郁时，可以多参加体育锻炼，并且在走路时挺胸抬头，加快走路的速度，这样也可以使你增强自信心。

●主动与人打招呼，主动说话

这也是一种自我暗示，这样做不仅表示礼貌，而且也是自信的表现。越是主动与人说话，自信心越强，人际关系越融洽；班级讨论时要主动发言，不做沉默的同学，不要顾忌太多，力争引起别人的注意，争取讲话的机会，发言的机会越多，就会越发感到自信。

名师点睛 在学习中树立自信心的六个步骤

1. 告诉自己，一定要实现目标。

2. 要有最好的准备。

3. 列出一张你在学习中取得成功的清单。

4. 从过去的错误和失败中吸取教训。

5. 放弃逃避的想法，消除对困难的恐惧心理。

6. 确实遵守自己制订的学习计划。

调整心态，积极面对问题

破罐子破摔是一种非常不负责任的心态，在学习中，要善于调节自己的心理，使自己敢于积极地面对问题，从颓废情绪中走出来。

避免不良情绪的干扰

中学生在学习中容易受到不良情绪的影响。比如，当在学习中遭受挫折后，就会产生厌学情绪，这对以后的学习非常不利。下面介绍几种克服不良情绪的方法，供大家参考。

●充分认识学习的重要性

当大脑产生不良情绪时就会对学习感到厌倦。这时就会失去学习兴趣，甚至做出抵制学习的一些举动。

因此，当不良情绪来袭时，我们一定要充分认识到学习的重要性，这样才可以回避不良情绪而更加努力地学习。

●找到原因，对症下药

造成不良情绪的原因有很多，比如，对学习重要性的认识不够、对自己的学习能力缺乏信心、学习方法不当等。因此，我们一定要找准产生不良情绪的原因，根据自己的实际情况对症下药，这样才能从根本上解决问题，消除阻碍学习的不良情绪。

● 用曾经的成绩来鼓励自己

当我们产生不良情绪、学习成绩明显下降的时候，有些缺乏学习经验的同学，就会对学习产生厌倦心理，甚至干脆"破罐子破摔"，导致学习成绩每况愈下。

其实，摆脱不良情绪的一个好方法就是用曾经的成绩来鼓励自己。一个成功摆脱不良学习情绪的同学曾说："当我有了不良学习情绪时，我便冷静地思考，寻找原因，并用过去的成绩来鼓励自己。我想，我肯定是因为最近的学习方法不当，或者因为自己不够努力才这样的，我相信自己有很强的能力，过去的成绩不就是很好的见证吗？这样，学习兴趣就又像过去那样浓厚了，因为我知道造成这种现象的原因不是因为自己的能力有问题。"

这名同学的方法确实值得借鉴，用过去的成绩来鼓励自己，确实能从根本上将不良学习情绪转化为学习动力。

勇于向学习中的挫折挑战

每个人在学习的征途中会领略成功的喜悦，也会遭遇失败的痛苦，不可能总是一帆风顺。俗话说"胜败乃兵家常事"，但是，在很多中学生中，有的人因为学习上遇到一点小小的挫折而变得越来越脆弱，甚至自暴自弃。例如，有的学生学习成绩暂时在班上处于落后地位，就觉得自己很笨，失去学习的动力；有的学生考试考得不好，或参加某个比赛没有获奖，就几天不高兴；有的学生因没能当上班干部或没能评上"三好学生"，就把自己当成失败者。

俄国物理学家列别捷夫曾说："平静的湖面，练不出精悍的水兵；安逸的环境，造不出时代的伟人！"这是挫折成才的真谛。优秀的青少年，应当从小就培养和锻炼自己面对挫折的能力，主动地、勇敢地向学习中的挫折挑战，经受挫折的磨炼，在磨炼中成长。

学习上的挫折虽然给我们带来了苦恼，但对我们来说并不是坏事，因为挫折也是一种锻炼。那么，当我们在学习中遇到挫折后该怎么去面对呢？我们可以这样去尝试。

首先，调整自己的学习目标，想一想是不是原来定的学习目标太高，自身无力达到。如果是这样的话，可以把学习目标降低一些，或者重定一个小而具体的目标，在自己力所能及的范围内，这样就可以避免遇到挫折，也能体验到成功的快乐。其次，我们还可以学会转移和倾诉。在学习中遇到挫折时，我们可以参加一些自己感兴趣的活动，要设法使自己从消极的情绪中走出来。同时，还要善于把心中的不快向同学、教师、家长、朋友倾诉，从而减轻或消除挫折感。如果能从挫折中崛起，也就预示着成功。

科学家牛顿说过："如果你问一下善于溜冰的人如何学得成功时，他会告诉你：'跌倒了，爬起来，便会成功。'"相信只要我们在今后的学习生活中能客观地认识自己，微笑着直面学习中的挫折，勇于接受挫折的挑战，那么成功一定会属于我们。

遇到挫折后如何避免消极情绪

1. **优势比较法**。去想那些比自己受挫更大、困难更多、处境更差的人，再分析自己没有受挫感的方面，即找出自己的优势，强化优势感。

2. **倾诉法**。适度倾诉，可以将负面情绪随着语言的倾诉逐步转化出去。

3. **痛定思痛**。当自己从挫折中重新站起来之后，应认真审视自己受挫的过程，多从自身找原因，接受受挫的事实，克服学习、生活中自身存在的问题。

4. **明确目标**。如果学习、生活上的挫折干扰了自己原有的计划，破坏了自己原有的目标，那么就重新寻找一个方向，确立一个新的目标，就显得非常重要。

第 **4** 章

夯实基础，
抓住学习环节

如果学习基础没有打好，前面的知识还没有掌握，教师再讲后面的知识自然听不懂、学不会。要想解决这个问题，只能从学习的基本程序入手，只有踏踏实实地把握住"预习—听课—复习—总结"这四个学习的基本环节，并且学会高效地利用学习工具，才能循序渐进地把基础打牢。

学会预习，变被动为主动

　　预习好了，就掌握了学习的主动权。课前做了充分的准备，上课时就能听得懂、听得好。长期坚持，就可以增强学习的信心，变被动学习为主动学习，形成良性循环。这对学习基础较差的同学来说，格外重要。

用预习来还学习上的欠账

　　有一个学生，他原来听课很吃力，课后要花大量时间去复习教材，还要不断地去找教师、同学补课，做大量作业。但由于基础太差，学习成绩一直难以提高，精神压力很大。

　　但不久，教师发现他在学习上取得了明显的进步。这是什么原因呢？这名同学说了这样一句话："每天20分钟的预习，让我还清了学习中的欠账，改变了我学习时的被动局面。"可见，预习对同学们改善基础薄弱的状况有很大的作用。

　　一些学优生认为，事先预习至少可以给他们带来以下好处。

●预习可以提高听课质量

　　进行预习时，刚刚接触新知识，正是从已知到未知的离合点，这时最容易产生各种疑惑和不解。有的同学课前不预习，上课时匆匆打开课本，对新课内容一无所知。听课完全处于一种盲目被动的状态，一节课下来有的听懂了，有的似懂非懂，遇到知识障碍就像听天书。有的同学听课有备而来，课前做了充分的预习，对所学新课有了整体的了解，对新课要讲什么、重点是什么、难点是什么，胸中有数。这样在上课时可以根据预习时了解到的新知识点去听课，化被动为主动，为学习新知识做好了充分准备。

●预习可以扫除拦路虎

我们在听课时常常会遇到这种情况：教师在讲新知识时，经常用到学过的某个旧知识，或者由于自己当时学得不牢固，或者由于时间较长已经淡忘，因而怎么也想不起来了。如果遇到这种情况，肯定会左右为难。赶紧回忆旧知识吧，会耽误听教师讲新课；不回忆吧，又妨碍对新知识的理解。如果我们预习了，情况就会大不一样。经过预习，必然能了解到要学习的新知识可能会涉及哪些旧知识，而对这些旧知识，哪些是已经掌握的，哪些又是掌握得不太牢固的，都会提前心中有数。这样就可对症下药地及时加以复习、巩固和弥补，为第二天的新课扫清理解方面的障碍。

●预习能拓展思路

经过预习，对要学的知识已经做到胸中有数，容易跟上教师讲课的思路，甚至可以跑到教师思路的前面去。要跟上教师的思路，就要开动脑筋，多问自己几个"为什么"。教师讲到一个新概念，就想一想它是怎样建立起来的，与其相关的概念有哪些；教师讲到定理，就想一想它是怎样推导出来的，适用范围是什么等。有时预习得比较好，对所讲的知识比较熟悉，就可以跑到教师思路的前面去，想一想下一步教师会怎么讲，然后在接下来的学习中加以对照。由于做了预习，思路活了，听课效率就提高了，教师布置的作业都能顺利完成。这样，自己可自由支配的时间就多了，学习自然就主动了。

● 预习能增强记忆效果

预习时，无论对看得懂的知识还是看不懂的知识，自己都经过了独立思考，有了初步印象，再加上课上教师的讲解、分析和自己的进一步学习，理解会更为深刻。理解了的知识很容易记住，特别是经过努力而攻克的难题更容易记牢。另外，预习还加强了新旧知识之间的联系，使新旧知识组成合乎逻辑的知识体系，这也有助于记忆。

● 预习能增强求知欲望

带着预习中产生的问题听课，就能启动好奇心和求知欲，能调动学习的积极性。例如，学过物理的同学都知道"阿基米德浮力定理"。阿基米德洗过无数次的澡，但他意识不到"浮力定理"，因为他没有带着问题去思考。而当国王要他测定王冠含金量的纯度时，他就开始日夜思考这个问题。正是由于"带着问题"洗澡，他才能触发灵感，发现了浴缸溢水的道理。这个实例说明，带着问题思考，人的求知欲一定很强。求知欲强了，思考得才深入，收获才会大。

四招保障预习效果

既然预习有这么多好处，那么，怎样做才能保证预习效果呢？同学们只有做好以下几点，预习效果才有保障。

●制订预习计划

中学期间要学习的科目很多，不可能每门课全都预习。如果随便拿起一本教科书就看，不但会因不专心而影响效率，也没有那么多可自由支配的时间。所以，应计划好每天要预习哪些功课，最好是自己感觉最吃力的一两个科目。如果物理成绩不理想，就多花一些时间来预习物理。根据实际需要确定主攻目标，预习时心里踏实，效率比较高。

●预习要有时间保证

平时应挤出一些时间来预习功课，一定要保证每天预习第二天的一两门功课。如果某一章刚讲完，最好能抽出一段时间（一般在周末）把下一章预习一下。只要坚持预习，学习能力就会逐渐提高，从而形成良性循环，时间相对就变得宽裕了。

●努力克服预习中的困难

预习时遇到困难是很正常的。首先是新内容中涉及的旧知识自己可能忘记了，因而在阅读中常存在一定的障碍。这时只要翻翻旧课本或参考书，找到相应部分的内容就能搞清楚新内容中的知识点。通过这样做，可以把新旧知识联系起来，同时旧知识也得到了复习和巩固。

● **总结各科有效的预习方法**

一般来讲，语文课要注意以下几点：①扫除文字障碍，了解文章主要内容；②厘清文章结构；③理解重点词句；④归纳中心思想和写作特点。

英语课要注意以下几点：①熟读单词、词组；②看懂语法注释和例句；③翻译课文；④分析重点句子的语法关系；⑤找出难点和不理解的问题。

化学课要注意以下几点：①了解本章本课讲什么内容；②看懂概念、定理，标出重点；③弄懂例题及其解法；④了解实验仪器、药品和操作方法以及应观察的内容等。物理、数学则尤其要弄清概念。

高效预习的方法

预习这么重要，但是如果不掌握一定的方法，就不会取得很好的效果。预习的方法很多，预习时要根据自己的能力、所处的年级以及不同的课程、不同的课时，有所侧重地进行。下面我们就课前预习、阶段预习和学期预习来总结一些方法和技巧。

● **课前预习**

课前预习是最主要的一种预习方式，它的重点就是通过阅读教材，达到对新知识的了解、理解和掌握。课前预习的任务主要是初步理解下一节要学的基础知识；复习、巩固、补习与新内容相联系的旧概念、旧知识；归纳新知识的重点，找出自己不理解的难题。在实践中，课前预习的方法主要是阅读教材，由于我们对教材的内容已有初步了解，因此对教师上课时所讲的内容和板书所写的内容，哪些是教材上有的，哪些是教师补充的一清二楚。记笔记，重点记教材上没有的或自己不清楚的，以及教师反复提示的关键问题。这样，就可以把更多的时间和精力用于听讲和思考问题上。

在阅读教材进行预习时，同学们可以按以下五步来做。

第一步，认真通读教材，边读边思考，找出重点、难点和疑点，可以适当做笔记或批注。

第二步，利用工具书、参考书扫除障碍。

第三步，对不懂的问题进行分析，如果是由于旧知识被遗忘了或由于知识缺陷造成的要及时补救。对经过努力还不懂的问题要记下来，等上课时听教师讲解。

第四步，读完教材后合上书本，围绕预习任务思考一下：教材讲了哪些内容，主要思路是什么，哪些是新知识，与新知识有关的旧知识是什么，还有哪些问题不理解，等等。

第五步，如果时间允许的话，可以试做一些练习题，检查一下预习效果。

● **阶段预习**

阶段预习是对近期将要讲授的功课内容从整体上进行粗线条式

的浏览，以求得初步印象的一种预习方法。一般来说，以章或单元为整体单位比较可行；而像史、地等科目的预习则可以截取某个相对完整的时代或相对独立的区域作为整体预习单位。

经过这样的预习，可以使我们对某一部分学习内容的量、难度、编排方式等有大致的了解，做到胸中有数，增强自信心。同时，还便于我们制订出科学的（短期）学习计划，协调各科的学习时间，提高对学习活动的预见性。

一般来说，阶段预习的方法主要有以下几种。

1.单元目标法。单元目标法是指根据单元的学习目标和学习要求进行预习，预习后再对照目标要求检验预习效果。例如，可以利用教材中每小节前方框中的学习基本要求和每章后面的"小结与复习"中的知识点、学习要求进行预习，再以它们为标准检查预习效果。

2.单元教材研读法。单元教材研读法是指通过对单元教材的认真阅读，研究教材的重点、难点和疑点，达到对单元内容的整体了解，并能了解各章节在单元中的地位及其相互关系。

3.图表整理法。图表整理法是指通过预习把涉及的概念、原理、公式、定理等，用图表的形式列出来，找出其中的规律和联系。

● **学期预习**

进行学期预习时要从整体上把握一本教材的知识结构，锻炼自己独立驾驭教材的能力，即学会分析教材的知识结构，自己处理基础知识，自己解答习题，从而培养自学能力。学期预习最好先选择两科进行，一是弱科；一是拿手科，初步摸索出一定的经验，再将此法推广到其他学科。

学期预习的方法有以下几种。

1. 序言法。序言法是指通过认真阅读教材的序言，了解教材的内容、结构、重点、难点等内容的方法。

2. 目录法。目录法是指通过阅读目录，了解教材的内容和结构。

3. 浏览教材法。浏览教材法是指在认真阅读序言、目录的基础上，粗读整本教材，了解教材内容的概貌。

4. 教材分析法。教材分析法是对整册教材进行归类和写教材分析的方法。例如，语文教材的教材分析主要有以下几部分：列生字表、列生词表、语法知识归类、列文学常识表、习题归类表、写出单元分析等。

提高预习效率的三个关键

预习要持之以恒、形成习惯，才能收到良好的效果，同时根据课程安排、学科特点、自身情况，灵活安排预习时间。但怎样才能提高预习效率呢？一些一线教师认为，提高预习效率必须牢牢抓住三个关键问题，那就是灵活安排预习时间，持之以恒、逐步提高，以及防止两个极端。

1. 灵活安排预习时间。预习时间的安排，要在服从学习整体计划的前提下灵活安排。根据每天的空余时间，决定预习的科目及每科的时间；要保证所选择的重点学科预习的时间在 20 分钟左右；时间多时预习可以充分点儿，钻研得深点儿。闲时可以多进行一些阶段预习和学期预习。闲时"向前学"是学优生的经验。

2. 预习要持之以恒，逐步提高。有的同学经过一段时间的预习后，感到学习成绩并没有明显提高，就想放弃预习，这是不可取的。因为学习成绩与多种因素相关，只有在进行好预习的同时，也搞好其他学习环节才能取得满意的结果。另外，预习的质量也有一个不断提高的过程。因此，预习不能浅尝辄止，持之以恒方能奏效。

3. 预习时要防止两个极端。预习中要防止两个极端：一是预习过粗，流于形式，达不到预习的目的；二是预习过细，以至于上课没有什么可听的，甚至打乱整体计划，影响了其他学科，虽然有效，但浪费时间，有损整体。

善于听课，抓住关键环节

听课是学习的关键环节，在学生时代，我们的学习时间绝大部分是在课堂上。很多学习基础薄弱的同学就是因为不善于听课，导致后面的课程无法跟上，这就是一步慢、步步慢的根源。

做好课前准备

在中学这一人生的黄金时代，大部分宝贵的时光其实就是在课堂上度过的。如果不善于听课，就会造成对知识的掌握不连贯。很多基础薄弱的同学都是由于在听课方面不得法，从而造成一步慢、步步慢的结果。

山西夏县的一名中学生写了一篇文章，题目是《45 分钟里的加减法》，他认为做好课前准备，预习好学习内容，准备好上课的用品，铃声一响，"机器"就开动起来，这就等于在 45 分钟里加了 5 分钟、10 分钟。相反，如果铃声响过，才慢腾腾地走进教室，有时，人进了教室心还在操场上，再加上学习用具没有准备好，不是铅笔秃了，就是钢笔没墨水，或者找不到书，教师讲了半天，自己还不知道教师在说什么，这就等于 45 分钟减去了 5 分钟、10 分钟。在看得见的方面是如此，看不见的方面也有这种情况：精神集中，越学越有劲，越学越主动；思想开小差，一步没跟上，步步跟不上。他认为这里的得失就需要用乘除法计算了。可见，课前准备也是十分重要的，课前准备工作，大致有以下三个方面。

●心理准备

有的学生，由于种种原因，形成了一种厌烦上课的心理，一见教师进教室就烦躁、反感。或者觉得某门课没意思，上课时没有求知欲望，盼着早点下课。这是一种很不好的学习心理状态。可想而知，在这种心理状态下，上课的收效必然微乎其微，有这种心理状态的同学应该积极调整。

●身体准备

课前不要从事太剧烈的运动，课间不要追逐打闹，不要玩太兴奋的游戏等，要使脑子在学习前得到适当的休息，从而保持头脑清醒、精力充沛。解决好自身的生理问题，如上厕所、喝水等。

●物品准备

把上课需要的教科书、练习本、笔记本及其他学习用品在课前准备好，以免上课时手忙脚乱，因找不到这些东西而影响听课情绪和学习效果。

专心听讲，提高课堂效率

课堂学习占据了我们大部分的学习时间，所以如果能充分地利用好课堂上的45分钟，就会大大地提高学习效率，这比我们私下里花大量时间学习有效得多。因为每一节课教师传授给我们的知识都是教师事先精心准备的，都是精华，而那些自以为"课堂丢了课下补"的同学，自己学习起来就会吃力得多。

究竟怎样提高课堂效率呢？答案是专心听讲。在学校接受教育的机会是平等的，每个同学上的课是一样的，做的作业也一样，从教师嘴里听到的讲解也是一字不差，然而在考试成绩上却会有很大的差别。这是怎么回事呢？如果你注意观察就会发现，那些学习好的同学都有一个共同特点，那就是上课非常专心。其实，想要专心不难，只要你充分调动自己的耳朵，变被动为主动，学习成绩就会在短时间内大幅度地提高。

主动学习，就是教师每讲一个知识点，自己都要考虑如何应用，有什么规律。同样是做题，有人错了一次就能彻底改过来，有的人却总是犯同样的错误，差别就在于对知识掌握的熟练程度，就在于听课的时候，自己的脑袋是不是在不停地转，思路是否积极跟着教师走。这样听课，我们不仅能将教师讲的每句话都记在心里，而且还能思考更多，收获更多。主动学习、专心听讲的学生，从来不会埋怨教师讲得不好，只会担心自己思考得不够深入。这样的同学成绩怎么会不提高？

那么，怎样才能专心听讲，提高听课效率呢？

● 做准备

课前预习，做好听课准备，是提高听课效率的前提。

●专心听

听，就是听教师讲、听同学发言，然后自己思考。

●仔细看

看，就是观察。观察要仔细，要有目的，要有条理，不能粗心，不能盲目，不能随意，还要通过观察发现问题、提出问题、解决问题。

●善于想

想，就是思考。"学而不思则罔"，课堂上如果不善于思考，教师的课讲得再好，也不会有好的效果。因此，课堂上不仅要积极地思考，而且还要善于思考。

●敢于问

陶行知先生曾说过："发明千千万，起点是一问。禽兽不如人，过在不会问。智者问得巧，愚者问得笨。人力胜天工，只在每事问。"因此，课堂上我们要敢于问，敢于发表自己的见解，敢于暴露自己的问题。

●勤于解

解，就是解题，每学习一个新知识都是为了解决新问题。对课堂上所学的新知识，解题既是一种检验，又是巩固的需要。特别是数学课，如果只学法则概念，不进行习题演算，则无异于纸上谈兵。因此，课堂上对教师安排的一些练习题或小测验，不要马虎应付，要认真解答，以便及时巩固知识，及时发现问题，及时进行弥补。

● **重点记**

记，就是记课堂笔记。课堂笔记要记重点，要记得准、记得细。

只要我们做到以上这些，并且坚持下去，那么就会养成专心听讲的好习惯，课堂听课效率也会因此大大提高，基础薄弱的问题就迎刃而解了。

听讲要善于抓重点

湖南省衡阳一中的一名学生说："过去我在学习中常有这种情况：上课听讲时觉得都懂，可课后做习题时又觉得抓不住要点。后来我找了原因，发现自己上课听得不仔细，没有抓住教师所讲的关键内容，没有领会教师某些话的深刻含意。比如，上政治课，我听过就算，不去领会教师为什么要讲这些、要说明什么问题、怎样说明，以及这个问题的要点是什么。这样一堂课下来当然抓不住要领了。"

因此，这里要强调的是，听课时虽然不可能把教师所讲的每一句话都印在脑子里，但教师所讲的这节课的关键内容一定要抓住。

那么，我们该如何抓住听课的重点呢？

首先，要根据课前预习的情况，重点听在预习的时候自己没有弄懂的部分，仔细听教师的讲解，争取把疑难点解决。其次，要抓住教师讲课内容的重点，要善于从教师所讲述的内容中去捕捉有价值的"关键"信息，如定义的阐释，公式、定理的推导，以及解题的方法等，还要注意教师如何导入新课、做小结等。

另外，还有一点我们必须要注意的是，在抓课堂重点时，一定要好好抓住开头和结尾。有的同学在听课时，常常忽视教师讲课的开头和结尾，错误地认为：开头语不是"正文"，可听可不听；结束语则是"正文"的"重复"，既然前面已经听过了，就不用再听了。因此他们在上课开始和结束时常常心不在焉，这是大错特错的。实际上，教师讲课的开头，虽然往往只有几句话，但却是整节课的提纲。我们只有抓住这个提纲去听课，才能清楚下面的内容，才能知道应该做什么，该按照怎样的步骤去做。教师在课堂上结尾的话虽也不多，却常常是一节课精要的提炼和复习的重点，有着不容忽视的作用。

总之，教师讲课的开头和结尾常常是相互照应的，对听课具有启迪、点拨的作用，必须注意听好。抓重点，还要注意教师强调的部分。教师在讲课时强调的，在板书中用彩笔勾勒的，以及直接要求同学们注意的，都是重点知识，必须重点关注。

在课堂上要与教师的思路合拍

　　每个教师授课都有自己独特的思路，在听课时，如果能抓住教师的思路，就能取得良好的学习效果。

　　1. 根据课堂提问抓住教师的思路。教师在讲课过程中往往会提出一些问题，有的要求回答，有的则是自问自答。一般来说，教师在课堂上提出的问题都是学习的关键，若能抓住教师提出的问题深入思考，就可以抓住教师的思路。

　　2. 根据教师的提示抓住教师的思路。教师在教学中经常有一些提示用语，如"请注意""我再重复一遍""这个问题的关键是……"等，这些往往体现了他（她）的思路。

　　3. 紧跟教师的推导过程。教师在课堂上讲解某一结论时，一般有一个推导过程，如数学问题的来龙去脉、物理概念的抽象归纳、语文课的分析等。感悟和理解推导过程是一个投入思维、感悟方法的过程，这有助于理解记忆结论，也有助于提高分析问题和运用知识的能力。

及时复习，巩固知识

有些学生之所以基础薄弱，就是因为上课时看似都听懂了，但过几天就一问三不知，这是没有及时复习的缘故。只有不断地复习，才能将学过的知识巩固下来。

趁热打铁，上完课及时复习

不善于复习的同学就像只知道低头赶路的车夫，不知道往后看，结果车上的东西掉完了，自己也不知道。复习就是重复学习已学过的知识。学完新的知识之后，如果不及时重复巩固，就会遗忘，时间越久遗忘的东西也就越多。很多基础薄弱的同学，就是因为不善于或不重视复习，结果导致学到的知识越忘越多。

1885 年，德国心理学家艾滨浩斯发现了一个记忆遗忘规律：刚记住的内容，在 20 分钟之后还能记住 58.2%，1 个小时后还能记住 44.2%，1 天以后就剩下 33.7% 了。可见，知识的遗忘速度是很快的，而课后复习恰恰就是遗忘的克星。我们每个人都会遗忘，都需要及时复习刚刚学过的知识。只要我们养成了复习的习惯，那么遗忘也就不再可怕了。

那么，课后复习有什么需要注意的呢？

●及时复习

当天学的知识，要当天复习好，绝不能拖拉，要做到不欠账。

否则，内容生疏了，知识结构散了，就要花更多的时间重新学习。要明白，修复总比重建倒塌了的房子省事得多。

● 紧紧围绕概念、公式、法则、定理、定律复习

思考它们是怎么形成和推导出来的、能应用到哪些方面、它们需要什么条件、有无其他说明或证明方法、它们与哪些知识有联系，通过追根溯源，牢固掌握知识。

● 反复复习

学完一课复习一次，学完一章或一个单元复习一次，学完一个阶段系统总结一遍，期末再重点复习一次。通过稳扎稳打的复习，形成的知识联系就不会遗忘。

● 要有自己的思路

通过一课、一节、一章的复习，把自己的想法、思路写成小结，列出表来，或者用提纲摘要的方法把前后知识贯穿起来，形成一个完整的知识网。

● 复习时要适当做一些题

要围绕复习的中心来选题、做题。在解题前，要先回忆一下过去做过的有关习题的解题思路，在此基础上再做题。做题的目的是检查自己的复习效果，加深对已学知识的理解，培养解决问题的能力。

掌握高效的复习方法

对基础薄弱的同学来说，重视复习、善于复习是改善自己学习状况的一个好方法。但复习也是要讲究方式方法的，下面介绍的一些方法可供同学们借鉴。

● 先密后疏复习法

从艾宾浩斯的研究可以得知，随着时间的推移，遗忘的速度不是加快，而是减慢。因此，针对这个"先快后慢"的规律，就要采取先密后疏的复习方法来安排经常性的复习时间：开始时，两次复习之间的时间间隔可以短一些，每次复习的遍数可以多一些；随着识记材料巩固程度的提高，复习的时间间隔可以逐渐加长，重复的遍数减少一些。这样，第一次刺激留下的痕迹尚未消失时，紧接着第二次重复刺激，第三次重复刺激……如此循环反复，就如同运动场上的"接力赛"，一棒传一棒，最后胜利到达终点。

● 多次灵活重复

许多知识只有在多次重复、不断循环的复习中才能牢固记忆。茅以升 83 岁还能背出圆周率小数点后面 100 位的准确数值。当人们问起诀窍时，他说："说起来很简单。重复！重复！再重复！"但是，复习不是简单地或机械地重复。单调地、机械地重复最容易引起疲劳和厌烦情绪，从而降低学习效率。因此，在复习时，应在原有材料的基础上增添新的信息。即使复习同样内容的材料也要变换不同的方式，从不同的角度进行复习。如选择新的例子，借助图形，提出更高的要求，写出复习笔记，或通过练习、测验、问答、讨论等方式进行复习，这样不仅能够引起复习的兴趣，激发复习的积极性，而且可以举一反三、触类旁通，对知识有更深的理解。

●集中与分散相结合

复习知识量大的课程时，复习时间不要太集中，要把难点适当分散。比如，有 10 篇课文，在一天之内背诵一遍，这样效果就不好，如果分开来，一天少背几篇，这样效果就会更好。但是，如果复习材料比较短，或复习一些系统性很强的功课以及考前的总复习，采取集中复习仍有一定的好处，这样有助于使知识系统化。

●不同学科交替进行

复习时采取单科集中的所谓"攻坚战"，内容单一，很容易造成大脑疲劳，降低记忆力。因此，复习期间，不同学科、不同内容交替进行，做到一张一弛、多学科并举，可以取得比较好的学习效果。

●阅读与回忆相结合

在复习时，运用尝试回忆的方法能有效地提高记忆效率。在复习前，不妨合上书，回忆一下哪些内容记住了，哪些内容忘记了，或者先出道题目考考自己，然后再翻书核对，看自己是否掌握。在复习的过程中，要一边阅读一边回忆。这样，就可以节省复习时间。

如何从旧知识中找到新感觉

在复习中，机械、单调地重复同一知识，往往使人生厌。告诉大家一种"旧路新探"的复习方法，就是适当变换复习顺序，采用"顺逆交错"的方法复习，这样就能给人新鲜感，也容易有新的发现，增强复习效果。

运用这种"旧路新探"法有三个步骤。

第一步，逆思。复习时从教材最后的章节开始，从尾到头逆思考，默忆一遍教材的主要内容，溯本求源地探索它的知识脉络。

第二步，顺读。由头至尾地依顺序读教材。由因求果，厘清它的内在联系及发展线索。

第三步，顺逆交错思考。上述逆思与顺读反复多次，交错进行，这样执因求果、溯本求源地交错思考极有利于掌握教材的结构特点，弄清知识的来龙去脉，既能巩固深化理解所学知识，又能厘清思路，学习思考方法，独立探索问题。

同时，运用"旧路新探"法复习时还要注意以下两点。

1. 读思结合。逆思与顺读要互相照应，对记忆不牢的内容，再读时要重点复习，强化记忆；复读不懂的问题时，要叫"暂停"，多思深究，及时解决。

2. 贵在出"新"。这种复习不能只满足于回忆起所学知识，而要透彻理解，融会贯通，力求有新的体会。

认真做作业，为学习新知识打下良好基础

做作业是对课堂学习的知识进行检验和巩固的一种方式，通过作业练习，不仅能巩固已学的知识，而且能为新知识的学习打下良好的基础。

认真、独立地完成作业

做作业是学习过程中的一个重要环节，听完课后，如果不做一定的作业题，这和纸上谈兵没什么两样。因此，坚持每天认真完成作业，能够打牢知识基础，提高学习质量。只有认真完成作业题，才能检查当天的学习效果，及时发现问题，弥补缺漏，及时巩固所学知识，防止遗忘，并为今后复习积累资料。只有做适量的作业题，才能加深对所学知识的理解，把易错易混淆的知识点弄清楚，把知识之间的联系沟通起来，灵活运用公式、法则、定律、定理等；只有认真完成作业题，才能进一步培养分析问题、解决问题的能力。因此，我们一定要养成认真做作业的好习惯。

同时，对待教师批改后的作业也要一丝不苟。有的学生作业发回来后，对对答案或看看分数就算了事，不求甚解，缺乏精益求精的态度，这样对学习是很不利的，作业的作用主要有以下几方面。

●检查学习效果

拿起作业题，不用翻书查找，不用请教教师和同学，快速做完，这就说明自己预习、上课、课后复习的效果是好的。相反，面对作业题，不知从何入手，也不知参考什么书，请教别人连问题都说不清，这说明自己在前面的学习环节中脱了节。

有的同学很自信，自认为对知识全都理解，不需要做题了。这其实是不懂装懂。不能只靠自己的想象，而要在做作业中进行检验。通过做作业来检查学习效果，以便扬长补短，及时进行复习。

●加强对知识的理解

通过做作业时的思考，可以把容易混淆的概念弄清楚，把事物之间的联系找出来，使公式变换灵活，等等。总之，做作业有利于把知识转化为自己的知识，为我所用。

●培养思维能力

面对作业中提出的各种问题，必然会引起自己积极的思考。在分析问题和解决问题的过程中，所学的知识得到了运用，思维得到了锻炼，思维能力在解答作业的过程中迅速得到提高。

●为复习积累资料

作业一般是经过选择的，有一定的代表性。因此，做完作业不应当把它一扔了事，而应当定期分类整理。在复习时，翻阅一下，这记录着平时劳动汗水的作业，会给你留下深刻印象。

作业有这么多好处，同学们在做作业时一定要认真独立地去完成。如果为了图省事，抄袭别人的作业，就失去了做作业的意义，对自己的学习没有一点好处，千万不能做这种自欺欺人的事。

做作业的基本技巧

对基础薄弱的同学来说，每到做作业的时候都是最头疼的时候。其实，如果掌握了一些做作业的基本技巧，就会慢慢感觉做作业并不是一件很困难的事了。

●有备而做

在动手做作业之前，一定要把教师这一节课所讲的内容（包括教科书和笔记本）系统地认真看一遍，弄清楚基本概念和原理，想一想这节课讲了哪些原理、概念？提出了哪些定理、公式？这些定理、公式是怎样得出来的？有什么意义？相互间的关系怎样？尤其是课本上的例题，具有典型性和代表性，要注意哪些是已知条件，哪些是结论，解题时用了哪些方法，解题思路是什么，解题的突破口在什么地方，等等。只有弄清楚这些之后，才能开始做作业。千万不要为做作业而做作业，那样只会稀里糊涂地浪费时间。

●认真审题

认真审题首先要读题，读题时要注意数据、单位名称、分析数量关系等。必要时可以用双竖线把应用题的条件与问题分开，用横线把已知条件找出来。自己实际画一画、分一分，这样做的好处是逼着自己认真读题。在读题、画题的基础上，还要养成说题的习惯。这样不但能培养口头表达能力，而且更重要的是养成审题的习惯。

审题时先"读"后"画"再"说"，这三步实际上就是从认识习题的外部联系，进一步认识习题的本质特点，逐步养成自觉审题的习惯。因此，要做好作业，认真审题是重要的一步。

● 寻找思路

弄清题意之后，就要利用题目给出的条件和要求的问题去寻找解题思路。一般来说，寻找解题思路有三种方法：第一种是从条件找问题，即从已知条件出发，眼睛盯着要求的问题，寻找道路前进，最后得出完整的答案。第二种是从问题找条件，即假设结论成立，必须具备什么条件（第一层条件），这些条件在已知条件中有没有，如果没有，那么使这层条件存在的条件（第二层条件）是什么，这样一层一层地追下去，直到追到已知条件当中全部有了为止。这样，已知条件和要求、结论之间的联系就打通了。第三种方法则是前两种方法的结合，即从两头出发向中间寻找，直到产生交集。

在寻找解题思路的过程中，有时已知条件多，头绪就特别乱，这时可以采用"分"和"联"的办法解决：分就是分解，即把一道题尽量分割解剖成几部分，变成一道道小题目，然后再逐一研究，各个击破。联就是将部分的解题办法合起来，就是一整道题的解题思路。

有时因为题目较复杂，为了思考方便，还可以借助图形来帮助思考。把审题过程画成简图，这实际上是一个运用学过的知识把题目加工改造的过程。经过这番加工，题目就变得直观明了，解题捷径就不难找到了。

●正确答题

答题是把解题思路表达出来的过程，做题要做到保质保量，要保证正确率和速度。特别应注意的是解题步骤应按部就班地一步一步演算，规范化书写，什么样的题、怎样去解心中要十分清楚，解题步骤该要的要、不该要的不要，书写干净利索。

●仔细检查

这是保证作业质量不可或缺的一步。这一步的任务就是让我们自己想办法来判断自己所做的作业是否正确，这是培养独立思考能力的重要途径。

掌握了做作业的基本技巧，做作业时就会胸中有数，能够极大地提高做作业的速度和质量。因此，掌握这些方法是很有必要的。

题海战术要不得

无论在学校还是在家里，经常见到有些同学超负荷地做练习题，漫无边际、毫无目的。有的家长望子成龙、望女成凤心切，为孩子购买各种习题集和复习资料，甚至托亲戚找朋友到处搜寻习题，恨不得把所有题都找来做，才感到心里踏实，其结果如何呢？

孩子往往会因此思维混乱，晕头转向，难以应付。

实际上，做习题应当有所选择。一般来说，教科书上的作业练习和任课教师补充的练习，加上各级教学主管部门的各种复习材料，习题量已足够，根本不需要再去到处搜寻习题。按教师的教学内容完成的练习是有针对性的，自己费很大劲儿找来的题，有的与课堂内容重复，有的实属偏题、怪题，不合实际，硬着头皮去做，只会浪费时间，降低学习兴趣。

因此，有必要提醒大家：千万不要搞"题海战术"！

名师点睛　认真对待每一次作业

别把质量低劣的作业交出去。认真对待教师布置的每一次作业，不仅要自己独立完成，而且还要做到一丝不苟地认真检查，这样才能发挥做作业的真正作用，提高学习成绩。

在规定的时间内完成作业。要认识到时间的价值，有时把作业当作"考试"限时完成，这样不仅可以提高做题速度，而且还可以使自己有更多的时间去从事其他活动。

第 **5** 章

高效学习，
提高学习效率

　　有些学生看着一天到晚都在学习，但为什么效果不佳？这是一个学习中的老大难问题，也是最令家长、教师、学生感到困惑的问题。解答这个问题的钥匙就是高效利用时间，提高学习效率。在学习中，你不仅要懂得珍惜时间，更要学会运筹时间，使自己在最短的时间内得到最好的学习效果。

制订计划，让时间尽在掌握

要想有效地掌控学习时间，就必须有一套切实可行的计划，把学习任务具体分配到每一月、每一周、每一天。

好计划提高学习效率

在学习中，常看到有些学生东走走西转转，东看看西翻翻，似乎作业完成了就万事大吉、无事可干了。这实际上是一种随遇而安的学习态度。这样做的原因，在很大程度上是没有为自己制订"规划"，学习缺乏计划性。

学习切忌没有计划性，学到哪儿是哪儿，高兴学什么就学什么。这样完全凭个人喜好，凭一时的兴趣来学习，很容易造成发展不均衡、学习效率低下，影响学习过程的系统性和完整性。

古人说"无预则事不立"，因此就可以看出在学习之前做计划的重要性。一项好的学习计划，可以促使自己按照既定目标去奋斗，不荒废时间，最大限度地发挥自己的潜能。

那么，怎样来制订一项符合自己实际情况的学习计划呢？一般来说，一项好的学习计划应包括以下几个方面内容。

●自己应达到的目标

就是说，针对自己目前的学习水平，确定一个自己在学期末所能达到的学习目标。这个目标不能太高，太高实现不了影响自己的情绪；也不可太低，太低会使学习失去动力。这个目标应是经过一学期的努力刚好能够达到的目标。

●分析自己目前存在的问题

比如，自己目前哪方面比较欠缺，哪科需要有较大提高，哪项是本学期必须解决的问题等。针对这些情况合理分配自己的学习时间，决定自己目前该朝哪些方面努力等。

●制定详尽的学习任务表

主要针对一星期的或一天的日程安排，决定自己在每个时段要学什么以及怎样学。比如，什么时间预习或复习什么科目，什么时间做什么练习等。要把一天的时间表安排好，这样可以督促自己按照计划去实行每一步战略，不会在某个时间感到无所适从。但有一点要注意，学习计划不可定得太死，要有少量的余地可供自己临时支配，太死了会使学习产生沉闷感。

长计划与短安排相结合

在制订学习计划时，可以将长计划与短安排相结合，长计划可以是每学期、每月的计划，而短安排则是每周、每天甚至每小时的安排。到了初中，你会立刻感觉紧张起来，但面对这么多要做的事，你或许有一种"老虎吃天，无从下口"的感觉，不知该先看语文，还是该先看数学。因此，在学习中，既要有长期计划，又要有短期计划，同时还应有临时计划。长期计划，比如一个学期或一个学年想要在哪几门学科上下功夫，想要达到什么水平。短期计划，如一周内集中精力学哪几课、哪几章、哪几节。临时计划则应比较灵活，是明后天将要做的事。

将你这一个月要做的事先全部罗列出来，然后再分成四周，规定每周该做些什么，然后再将其分配到每一天、每一小时。当然，有些同学或许觉得这太烦琐，天天都要浪费大量的时间写计划。其实，每月与每周的计划是应该写的，至于每天的计划不必写，心里知道就行了。譬如，吃午饭的时候，就可以想想下午自习课的安排；放学回家的路上，就可以想想晚上的学习计划，这样点面结合，大计划与小计划相得益彰，就可以在很大程度上提高学习效率。

具体来说，学习计划可以从下面三点来做到长、中、短三结合：

1.长期计划应以一学期为限，内容应该是大纲式的，不必求详求细，否则就会计划跟不上变化，反而失去计划的作用。

2.中期计划应该以月或周为期，内容应该非常详细。

3.短期计划以一日或数日为期，只要心里做个打算就可以了，不必非要写下来，以免使计划显得乱而无用。

学习计划要因科制宜

中学的各门学科都具有自身的特点及规律，我们只有根据自身情况，"因科制宜"来制订不同学科的学习计划，才能达到最佳效果。北师大第二附中的学优生魏维同学说："因为需要学习的科目很多，这就要求对各科的学习一定要学会进行科学的安排。不仅要学好语文、数学和英语 3 门主课，而且要努力学好其他各门功课。为此，我采用了培养重点学科，同时带动政治、历史等其他学科的方案。我每天用一定的时间（比如，两个小时左右）固定学习英语，扎扎实实地打下良好的基础。语文则和英语一样，需要注重平时的积累，所以每天的零碎时间也要分给它一部分。至于政治和历史，也要按照自身情况和各门功课的不同内容进行安排。一开始就应该把这些情况考虑进去。"

兰州市的一位家长说，儿子上中学后，数、理、化、生、语、英、史、地、政，八九门功课，每天拿起这本，又忘了那本，不知如何是好。当家长的看在眼里，急在心里。见书就查、见人就问，终于找到了一个行之有效的分科计划学习法。儿子试用后，效果相当好。这一方法就是，每天以一门功课为主，辅以其他 2 ~ 3 门功课。这就好比吃饭，做一道主菜，配上了 2 ~ 3 道辅菜。比如说：

周一，以语文为主，英、史为辅；

周二，以数学为主，英、生为辅；

周三，以英语为主，语、地为辅；

周四，以物理为主，英、化为辅；

周五，以化学为主，英、政为辅。

英语天天有，是因为英语得天天看，一天都不能落。

按照这个方法，儿子的学习一下子就顺了。每天，先把大块时间花在"主菜"上，零散时间看看"辅菜"，学习很有规律，很见成效。

在制订分科学习计划时，还应注意以下三点。

1. 根据各学科的进度及特点，制定全学期学习的总目标和时间安排。

2. 根据自身优势和劣势学科情况，制定各科学习的具体措施和时间安排。

3. 重视基础学科的学习，例如，初中的语文和数学。因为学好这些学科是学好其他学科的基础。

制订学习计划要统筹兼顾

学习计划要在身体、心理和学习上兼顾，除了最后的冲刺阶段可以"疯狂"地学习外，平时尤其得注意身体健康和适当休息。计划中如果只有三件事：吃饭、睡觉和学习，就很片面，最后影响自己的健康，学习也无法搞好。

因此，在制订学习计划时，必须将学习与其他各项活动统筹安排，除了学习、吃饭、睡觉等项内容不可缺少外，还应该把娱乐和锻炼的时间也计算在内。另外，也别忘了给自己留一点与朋友和家人谈天的时间，看电视和欣赏音乐的时间。一天的活动富有变化，各有固定的时间和步骤，过一种健康而有规律的生活，这是有效学习的基础。

由此可见，一个全面的学习计划把学习、休息、活动的时间都进行了科学的具体安排。如果自己耽误了学习的时间，就会使计划中的任务难以完成，由于学习顺序的渐进性，将使计划中后面的多项任务受到影响。

统筹兼顾，高效率地安排时间

要想提高学习效率，如何正确地安排时间则是重中之重，只有统筹兼顾、合理规划，才能把自己的学习安排得井井有条。

按照时间单位安排学习

把学习任务分成许多小块，在各个小的时间段内完成，你就会养成"强制去完成"的良好学习习惯，这会大大提高你利用时间学习的效率。北京外国语大学法语系研究生，后公派法国巴黎大学攻读博士学位的李金佳同学在谈到自己安排学习时间的经验时说：

高三这一年的时间，无非是两大块：一块是上课时间；一块是自习时间。上课时间就不说了，学校已有安排，关键就是自习时间。

高三时，除去课堂学习时间，我们每天早晚各有一个半小时可以自由利用。如果以一个半小时为一个复习时间单位的话，每月我就有约60个这样的时间单位。我在制订每月计划时，通常这样支配它们：语文13个，数学12个，英语12个，历史8个，地理8个，政治1个，机动6个。基本做到了立足全局，兼顾各科。

从李金佳同学的时间安排上，不难得出以下几点结论。

●按月制订学习计划

高三时临时安排的活动多，负担重，计划需要经常调整。比如，突然宣布下周有一次大的考试，那么，肯定要挤占这 60 个时间单位的时间进行复习，故而高三时最多按月甚至可以以周为单位来制订计划，才不至于脱离现实。

●主科为主，各科兼顾

李金佳同学参加的显然是过去的 6 科考试，而非今天的"3 + X"考试。但从他的计划看，数、语、英这三科，占到 37 个时间单位，近 60 个时间单位的三分之二。而史、地、政这三门副科，则占到 17 个时间单位，60 个时间单位的三分之一。这对我们安排时间仍有启发意义。

●留有机动时间

制订计划时就留下 6 个时间单位的机动时间，以保证计划的可塑性和弹性。这 6 个时间单位，占到了 60 个时间单位的 10%。具体说，1 天是两个时间单位，6 个时间单位就是 3 天。

一周时间巧安排

如何对一周的时间进行安排呢？下面是一些学优生共同总结出来的经验。

● 统计非学习的活动以及这些活动所占用的时间总量

如吃饭、睡觉等占用的时间；家务及其他活动所需时间；周六、周日晚上或其他一些时间，很有可能用于社交或娱乐活动等。因此，不要把这些时间安排在学习上，否则，学习之外的诱惑力肯定会占上风。

● 计划可用于学习的时间及其分配

把计算出的学习时间分散到一周的每一天当中去，安排在适当的学习时间里，并列出每星期活动及学习时间表，在安排时注意以下几个问题。

1. 确定一天之内哪段时间你的感觉最好，大脑最敏捷，将这段时间用在学习上。

2. 要避免连续学习超过2小时而不间断，应安排一定量的休息时间。研究表明：采用工作—休息—工作的方式比工作—工作—工作的方式效率高。

3. 检查。制作一张自我督促表，并把这张表贴在墙上或夹在笔记本里，至少应保存3个星期。

拟定具体的时间表

合理利用每一天的时间，没有一个具体的时间安排表显然是不行的。只有详细制定出每天的学习、工作时间表，并严格执行，养成习惯，时间才能真正掌握在你的手中。

因此，在安排好宏观的学习计划后，还有必要根据自己的作息时间拟定一份具体的时间表，安排自己每天的学习。一张合理的作息时间表看上去非常不起眼，但实际作用却很大，它可以使我们的学习、生活比较有规律，在脑中形成一种类似于生物学上所说的反射，当我们到了那个时间之后就对某一科目的学习产生兴奋，学起来效果就会更好，就像打网球一样必须找到感觉，这样对学习来说是非常有意义的。

那么，怎样才能拟定一个科学、合理的时间表呢？安徽省的一名学优生余子宜同学说，安排时间表的时候要注意结合自己的实际。如果自己的兴奋点在白天的话，就可以多安排一些白天时间来学习，晚上多安排一些时间来休息；如果自己是"夜猫子"，就可以晚上多安排一些学习时间，中午安排一些时间来休息。例如余子宜同学就是每天早上 6 点起床，晚上 11 点半就寝，这段时间除上课、休息等耗时外，还有 6 个多小时的时间用于自学。这些时间加以合理安排，效果是相当可观的。

举例来说，早上早读课前的 1 刻钟可以用来背英语单词或古文；中午午休的两小时时间，除了处理家庭作业外，还可以安排做 1 个小时的数学习题和半小时的英语习题；晚自习既可以按学校安排自学，也可以先完成作业，然后复习语文；剩下的两个多小时可以用来复习文综各科。这样一来，每一科在当天都可以得到及时复习，有利于快速掌握和运用知识，而且可以避免因为盲目而导致的时间分配不合理及时间浪费，一举两得。

双休日怎样安排时间

对中学生来说，双休日既是休息、娱乐的日子，同时也是提高学习成绩的大好时机。如何既玩好、休息好，又能学好，这就需要合理安排。对中学生来说，比较可行又有益处地过双休日的办法还是以学习为主，但不一定以学习课堂知识为主。有的专家认为；平时课堂知识没有学好的同学，应以复习课堂知识为主制订学习计划；其他同学则应以阅读课外知识性读物为主，适当地辅以课内重点内容的复习。一般来说，双休日两天，总共安排的学习时间以 8~10 小时为宜。其他时间，可根据自身的环境和条件，如到野外放风筝、游园、打羽毛球、滑旱冰等，还可以在家里搞一搞家庭读书报告会、诗歌朗诵会、卡拉 OK 演唱会、猜谜晚会等，过一个融知识性、趣味性、科学性于一体的双休日。

形成规律，把学习时间固定下来

学习有规律的学生，什么时间学什么都是固定的，这样时间就会得到充分利用，不会导致无谓的浪费。

有规律地利用时间

有规律地利用时间，是增强学习效果的好办法，有的同学就是吃了这方面的亏。比如，按照遗忘规律来讲，是先快后慢，越往前遗忘得越多越快，因此学过的内容应及时复习，可有些同学总是先玩后复习，或攒到一起再复习，严重的甚至干脆仅做作业而不进行复习。再比如，大脑的工作也有个时间限度，用久了就会产生疲劳，如果不适当休息，那就不但不会学好知识，甚至还会影响已学过的知识。再比如，有些同学由于未依照大脑的特点来安排时间，学什么总没有个固定时间，就说数学作业吧，今天早上做，明天自习做，后天也许就晚上贪黑做。类似的学习内容没有固定时间，都是学习盲目的表现，结果会大大地降低学习效率，也就无形地造成时间浪费。

考入北京大学的徐婷同学认为，要有规律地利用时间，具体到每个阶段学什么，也是非常讲究的。她说：

1. 早晨头脑清醒适于记忆，因此每天早晨我都背一些英语课文或名家名段；但从不利用早晨的时间写理化作业。

2. 中午午休后一般是写作业。由于我是班长，成绩比较好，因此有不少同学喜欢和我讨论问题。我利用中午时间写作业，这样可以做到胸中有数，更好地为别人解答。

3. 自习课和晚自习一般是做一些练习题。我始终坚信"熟能生巧"，因此，做练习是我每天最愿意做的事。

4. 晚上回家通常是带一些英语语法之类的资料，分专题读一些，如虚拟语气、连词等。

3 年每天如此，学习越有规律，效率越高，成绩上升得越快。

在时间安排上一旦形成固定的规律，到时间就起床，到时间就睡觉，该学习时就安心学习，到了锻炼时间就自觉去锻炼，学习、生活就会达到自动进行的境界。

在固定的时间学习固定的科目

根据巴甫洛夫条件反射原理，如果在固定的时间学习固定的科目，每当打开书本，大脑的有关部位就会不由自主地兴奋起来，就好比每到吃饭时，人就会感到饿一样。因此，在固定的时间做固定的事情，有助于取得更好的学习效果。

辽宁省的一名学优生李劲颖同学说："真正令人心惊的高三生活是从那些铺天盖地的卷子开始的。如何安排时间完成这些白花花的卷子成了首要问题，原有的时间安排受到冲击。因此我下定决心改变原有的学习方法，把每一科的学习都安排在每天固定的时间里，到什么时间做什么题，什么时候看什么书都安排得井井有条。不管发下多少试卷，我只按自己的时间安排来做，绝不会为了完成某一科的卷子而耽误了另一科的学习。"

李劲颖同学的改变是及时而正确的，她给自己定下规矩，给每科安排好固定的时间，例如，早上用15分钟时间读英语，课外活动时间做一道政治辨析题，晚上用一段时间钻研数学。睡眠、休息也有详细安排，学习和生活都有条不紊地进行。为了避免使学习只有数量没有质量，在每天晚上睡觉前，她都闭着眼睛回忆今天所复习的内容，每个周末再把一周学过的知识在脑中过一遍。这么做看似总在重复，其实若不这样做，前面学过的后面就会忘，尤其是文科记忆量大，更需要下大功夫，第一轮复习费点儿力气，在二、三轮提高能力时，就可以匀出大部分精力来对知识进行深入分析。

名师点睛　将学习时间记录下来

在学习中，有些同学喜欢做一些毫无意义的事情。如摆弄不干胶、贴画，玩一会儿手机游戏，买块泡泡糖嚼个没够，类似的事情还有很多。要知道，这样的"小事"做的时间久了，就会形成一种不良习惯，可以说这是一种对时间的极大浪费。如果你能把学习时间记录下来的话，你就会发现，有很多时间被那些毫无意义的事浪费了。

重点优化，把握学习的黄金时间

要想真正提高学习效率，还需要充分利用最显效率的时间，并懂得优化学习程序，这样就能花较少的时间达到最佳的效果。

寻找最佳时间段

要提高学习效率，除了保证充分的休息，还必须通过一段时间的实践，找出自己大脑活动的规律：什么时候记忆力最好、什么时候逻辑思维最活跃、自己擅长形象思维还是抽象思维……然后安排自己学习各学科的时间，确定具体的学习方法。

一般来说，寻找这一时间段一般有以下几个步骤。

首先，明确最佳时间段是整块的时间，而非零散的时间。至少是超出一节课的时间，才称得上是一个整块的时间段，才值得我们去寻找。10分钟、8分钟的时间段，只能称作零散时间。

其次，同学们是在校学习，可以自己支配的整块时间或在晚上，或在早上。因此，寻找最佳时间段的问题就转化为弄清自己是"猫头鹰"型还是"百灵鸟"型的问题。"猫头鹰"型，是指在晚上学习效率高的人；"百灵鸟"型，是指在早上学习效率高的人。

最后，在确定了自己是"猫头鹰"型还是"百灵鸟"型之后，还应进一步研究，这一最佳时间段具体应如何运用，方能取得最大效益，比如，要探寻自己是在一定时间段就学一门功课效率好，还是交替学两至三门功课效率好，等等。

那么，最佳时间段应该先学哪一门呢？

1. 从你认为最难的那门功课开始。比如，今天教师留了好几门功课，其中数学是你的弱项，那么当你开始学习时，就把数学放在最前面。

2. 从最拿手的学科开始，逐步进入状态。这一条适合注意力不容易集中的学生。

优化程序，统筹安排

我国著名数学家华罗庚在《统筹方法平话及补充》一书中以浅显易懂的事例，介绍了这一方法。他说，想泡壶茶喝，情况是水没开；水壶、茶壶、茶杯没洗；有茶叶，火也生好了。怎么办？最优化的办法是：洗好水壶，灌上凉水，放在火上；在等待水开的时间里，洗好茶壶、茶杯，放好茶叶；等水开了泡茶喝。这里缩短时间、提高工作效率，关键是抓住烧开水这个环节，在等待水开的时间里，同时做了其他几件事。

这个例子可以说是程序优化法的一个经典范例。具体来说，程序优化的方法是：简要介绍如下。

●并行做几件事，提高单位时间的效率

很多同学上网，常常同时或者穿插完成两个或两个以上任务。比如，如果要上网浏览新闻、下载学习资料、回复电子邮件，下载

资料所用时间较长，于是，他们在执行下载任务的同时，回复邮件、浏览新闻。当下载任务结束时，其他任务也完成了。

● 简化步骤，缩短时间，提高效率

崔西定律指出：任何工作的难度与其执行步骤的数目平方成正比。比如，完成一件工作有 3 个执行步骤，则此工作的难度是 9；完成一件工作有 5 个执行步骤，则难度是 25。简化工作流程，就意味着节省时间。

● 预定日程，不打乱仗

预定日程，是程序优化的一个重要方式。中国工程院院士张履谦，虽已年逾古稀，仍参与我国多种应用卫星、载人飞船、月球探测和空间测控等方面的研究，事务繁多。他管理时间的办法是预定日程，常常几个星期的日程，已经提前安排得满满的。

不要平均用力

　　学习时间是有限的，但学习内容却是无限的，因此在分配时间时要突出重点，兼顾一般，不要平均使用力量。所谓重点，一是指自己学习中的弱科，二是指各学科中的重点内容。每个同学都可能有自己的弱科，有的感到外语较难，有的觉得化学问题较多。重点确定后，必要时还可以根据本身的系统性，将重点内容再细分为几个专题，在兼顾其他各学科学习的同时，集中一个月或几周的课余时间去攻一个专题，解决一个专题以后，再集中一段时间专攻第二个专题、第三个专题……这种各个击破，集中力量打歼灭战的计划学习方式，无论对于补差或是提高，都是行之有效的方法。

争分夺秒，充分利用能利用的时间

很多同学认为零散的时间没什么用处，其实零散的时间看似很少，但集腋成裘，几分几秒的时间，看起来微不足道，但汇合在一起就大有可为。

善于利用零散时间

在日常生活中，有许多零星、片段时间，如车站候车的三五分钟，医院候诊的半个小时等。如果珍惜这些零散的时间，把它们合理地安排到自己的学习中，积少成多，就会成为一个惊人的数字。比如，你可以做以下的事情。

●处理学习中的杂事

与学习有关的事情很多，用零星的时间来削铅笔、收拾用具、整理学习环境、书包，按第二天上课的课程，有次序地整理教科书、笔记本，清理文具等。

●做摘记或做学习卡

有一个学生利用上课间隙坚持做摘记卡片，每年 200 张，10 年就是 2000 张，现在他已有了自己的读书索引卡片库。

在美国现实主义作家杰克·伦敦的房间里，不论是窗帘上、衣架上、床头上还是镜子上，到处都挂着一串串小纸片，小纸片上写着生动的词汇、有用的资料等，睡觉前、早起后、刮脸时，他就不停地看、不停地背诵。用零星时间来做这些学习卡也是个不错的主意。

●读短文或看报纸杂志

较短的零星时间适合读一些短篇文章或自己感兴趣的报纸杂志，这样可以帮助你开拓知识面。

●背诵诗词、记忆地名、年代和单词等

由于学习的内容和性质不同，整体时间和零星时间的用法也不同。一门较系统的、难度较大的学科，则需要整块时间，而有些内容，诸如背诵诗词、记忆地名、年代和外文单词，就应该多利用零星时间。

●讨论、求师

讨论、求师是学习的途径之一，对创造性思维比较有价值的活动有：第一，交谈；第二，通信；第三，读他人的论文。把学习中积累的问题，利用零星时间去和学友讨论，向教师请教，也是充分节约时间的好办法。

●整理资料

学习总是离不开资料，例如，书籍、剪报、期刊、科技报告、学习摘录卡等。善于学习的人勤于积累资料，有了资料不勤于加工整理的人是不善于学习的表现。本来资料积累和整理加工是两个独

立阶段，但这两个阶段的工作最好交替完成，这样可以减轻工作量，利用零星的时间来整理资料是最恰当的了。

当然，还有更好地利用时间的办法，可根据自己的实际情况而定。但只要你坚持做下去，渐渐地，你就会发现，不知不觉中，你的学习效率比以前提高了很多。

巧用中午和晚饭前的时间

中午与晚饭前的时间能做什么？很多同学都认为这些时间无关紧要，都荒废了。其实，把中午与晚饭前的时间利用好了，同样可以对你的学习有很大帮助。辽宁省沈阳市的学优生宫金玉说："中午休息时间，我常常去图书馆，那里的环境比较安静，和教室比起来更适合看书。我也经常去看那里的杂志，比如，《半月谈》《中国国家地理》《走进科学》《世界知识》等。一方面可以轻松一下，转换一下思路；另一方面也可以在不知不觉中学到一些知识，促进对课本知识的理解，开阔思路，积累素材。当然，如果天气比较好的话，中午出去运动运动也是个不错的选择，打打羽毛球、踢踢毽子什么的，大家玩一玩，下午的精神也会好一些。"宫金玉同学对晚饭前的时间也非常重视，她说："晚饭前的那段时间也很重要，如果那段时间比较长，我会继续完成功课；如果时间比较短，我就利用这段时间为晚上的自习提前做些准备，比如，把今天要做的功课、要复习的课本、要参考的资料全都放在桌上，等用的时候顺手一拿就可以了，免得临做题时又一遍遍地翻书包。其实，时间是挤出来的，也许这些零碎的时间加在一起不过一两个小时，但一般我们熬夜不就为这一两个小时吗，10 点睡觉和 12 点睡觉的差别就在这里。"

就像宫金玉同学说的这样，不要看不到中午及晚饭前的时间，要知道，零碎时间也有大用处。

名师点睛 有效利用零散时间的技巧

1.嵌入式技巧。嵌入式，即在空余的零碎时间里加进充实的内容。人们由一种活动转为另一种活动时，中间会留下一小段空白，如饭前饭后、等车时间、等候时间等。对这些时间可以充分利用，根据时间的长短来安排学习内容。

2.并列式技巧。并列式，即在某项松散活动进行期间，同时开展另一项活动。例如，等人的时间，可用来背公式、记单词；散步时可用来观察事物，提高作文水平；乘车回家时可以回忆当天的学习内容；等等。

3.压缩式技巧。压缩式，即把零星时间压缩到最低限度，使其尽快结束从而将时间转入学习当中，免去很长的过渡时间。如将起床后的洗漱时间合理压缩，从而争取尽快进入晨读。

劳逸结合，休息是为了更好地学习

要想提高学习成绩，最重要的是想办法提高学习的效率，而不是一味地加班加点，熬夜苦读，那样只能说明你的学习效率极低，没有有效地利用好自己的时间。

灵活学习，不打疲劳战

学习是一种高强度的脑力劳动过程，它需要我们时刻保证清醒的头脑，否则将难以保证学习效率。我们不能以时间论成绩，更不能通过加班加点拼时间来换取一时心理上的快慰。众所周知，中学生学习离不开养精蓄锐，不能打疲劳战，必须注意劳逸结合，不会休息就不会学习，放松是为了更有效率地学习。文武之道，张弛有度，说的就是这个道理。

很多同学经常熬夜学习，这种刻苦的精神的确值得我们学习，但是要想提高学习成绩，最重要的是想办法提高学习效率，而不是一味地熬夜苦读，那样只能说明你的学习效率很低，没有有效地利用好自己的时间。

有的同学可能为了求得在学习时间上不输给别人，一直看书做题。可大脑的效率是有限度的，与其低效率地学习，不如早点入睡，养好精神，第二天再去高效率地学习。如果晚上休息不好，第二天上课时犯困，晚上又熬夜来补，这样就会形成恶性循环。一定要记住，你不是在与别人比拼时间，而是要比拼效率。

美国科学家皮埃尔·弗吕谢尔说："没有必要以牺牲睡眠来成为天才。"每个人都有生物钟，它在你的生活中不会轻易改变，因此找出你的睡眠周期很有必要，这样才能更好地利用时间。

皮埃尔·弗吕谢尔所提供的计算方法是这样的：在每天规律性的时间里我们都会有疲劳乏力的感觉。用一个星期的时间好好地记下你感到疲劳的时间和两个疲劳期的时间差，这样你会发现，你每天的疲劳期几乎发生在同一时段，而两次疲劳的时间差也基本相同。

找准睡眠周期，就可以主动把睡眠时间计划在睡眠周期内，而间隔期内绝对不要用于睡眠，那是你的高效学习时段。这样不仅能使睡眠更加舒适，而且体力和精力可得以充分恢复。

适度的体育锻炼可以调节大脑

紧张的学习很容易使人感到疲劳，再加上心理上的压力，可能有的同学会感到全身乏力，什么事也不想干。的确，人的生理周期决定了人既有精力亢奋期，也有随之而来的低潮期，但是科学研究也表明，这种低潮期可以通过一些方法使之推迟、缩短，甚至不会出现。体育锻炼就是很好的方法。

有些学校盲目追求升学率，为了让学生"专心"学习，把所有的体育课都分给各科教师，并禁止学生进行喜爱的运动，如打篮球、踢足球等，还开导学生说"搞这些运动分散精力，不易进入状态"，这是很不科学的做法，也是荒谬的。在高度紧张的学习之后进行体育锻炼，是对神经最好的调节，是对大脑最好的休息，适度的锻炼完成后再去学习，学习效率会提高很多。另外，整天埋头于无穷无尽的题海中，身体也会吃不消，对病菌的抵抗能力会降低，一旦得病，就会影响自己的情绪和学习进度，因此进行一定量的体育锻炼也是增强体质的必然要求。

名师点睛　课间要适当休息

课间适合做什么活动呢？

1. 室外望远。眺望远处的树木或建筑物，对放松眼部肌肉、预防近视大有益处。

2. 根据学校安排，做一遍广播体操或眼保健操。

3. 散步。边走边深呼吸，同时用力摆动双臂，再做前后屈体及转体等腰腹部运动。这样，既活动了全身肌肉，又使血液循环加强，促进了新陈代谢。

4. 做些体力负荷不大的游戏。既能活动身体，又能调节神经。

5. 跳绳、踢毽子、跳皮筋。这类活动适合在冬天进行。

第 **6** 章

做题攻略，
掌握解题的思路

　　有些学生最怕的就是做题，基础知识掌握得还不错，但不知为什么就是不会做题。这种情况主要有三个类型：一是没有思路，见到题目后不知道如何下手；二是知道怎么做，但总是粗心大意，做题不认真，导致一看都会，一做就错；三是重复犯错，不懂得总结经验和教训，导致一错再错。

认真仔细，重视做题的每一步

做题时一定要认真，不能只求数量不求质量，同时还要仔细，对运算和做题的过程都应重视，要追求正确率而不是做题的数量。

求质量不求数量

对深陷"题海战术"不能自拔的同学来说，要记住一句话：题贵在精而不在多，没有质量做再多的题也没用。有位学优生在学习中采取了精选、精做的原则，附以题后思考的方法，收到了良好的效果。

精选，是指在众多习题册中选出最适合自己实际情况的一两本，细心做完。

精做，是指细心做完所选的练习册后，用心体会练习册内的知识体系，了解作者的侧重点以作参考，因为每一本书都是一套完整的知识体系，细心体会可以弥补你所不曾认识到的地方，可以起到不断完善的作用。而题后思考的习惯是能够提高知识熟练程度、加深思维深度、增强自己思维严密性的一种行之有效的方法。

题后思考，就是在每次做完一道题后，花一定的时间用于回顾刚才做题时的思考方式、思路的形式，以及思维为何在某处出现障碍，之后是如何解决的。刚开始进行题后思考的时候，可能会很慢，但随着不断地重复会使速度不断加快，最后大约每次只需花费

10 ～ 20 秒而已。

具体来说，在做题时要注意下面几个问题。

1．想一想，该题考查了什么知识点？

2．回忆一下，之前是否碰到过类似的题？

3．此类题通常采用哪种可行方法？基本思路如何？思考如何寻找其突破点。

4．反思推导过程是否合理，逻辑是否严密，所考虑的情况是否全面等。

5．检查得到的结论是否合乎逻辑，与预期的结果相差大不大。

6．最后总结此题是否有价值，有什么价值，将对自己日后有帮助的部分记牢，以便提高自己的解题能力和反应速度。

追求做题的准确率

我们在平时做题的时候要注意追求准确率，努力做到一次成功，而不要总是等着重新检查的时候再去发现错误。王刚同学说："我曾经遇到一道难题，百思不得其解，不得不求教于教师，由于教师采用的是最简单直接的方法，所以很快就能找到解题思路，一步步展开；由于教师计算的时候全神贯注，特别认真，所以每一小步的计算结果都可以保证正确，而我则常常因为某一步算得不对，结果越算越复杂，到后来局面就失去控制了；由于教师的数学功底相当扎实，遇到什么障碍都能克服，而我遇到一些情况时，例如，出现复杂的方程就束手无策。三点的差距都不大，但综合起来，最后的结果却有天壤之别。我总结了一下，第一点和第三点，我所学的知识应付考试和做题基本够用了，唯独第二点，看起来最简单的，却是最难做到的。"

"第一次就做对"这种好的做题习惯，在考试的时候尤其能够发挥巨大作用。多检查，其实是一个很大的误区，使大家在做题的时候抱有侥幸心理，一味图快，以为自己还有检查的机会，结果却越查越错。

但是，很多同学急功近利，做题时恨不得一口气做完，然后再从头检查。这实在是个太坏的习惯。逢快必粗的道理大家都懂。检查是补救的办法，是不得已的办法，检查出的错误越多越糟糕，不是吗？说明你第一遍做得太粗了，看到的是这些查出来的，那些没被发现的错误呢？躲在暗处的敌人才是最可怕的。因为人有一个普遍性的缺点，就是第一次犯的错误，往往检查的时候还会犯。因为完全是一个人，完全是一个思路，难免还会走回原处。正确的策略应该追求一次成功，做得慢些、稳些，做完了就保证会做的全对了，这才是本领。事实证明，每次考完一门，觉得挺累的，刚刚做完，虽然来不及检查，但是分数往往很高。因为陷阱都发现了，找陷阱是很累的，也是很费时的。

培养做题好习惯

刚刚升入中学的学生，处在自我意识不发达、自我能动性不够强的时期，随着学习内容的增多，部分做题习惯不好的学生将会出现不适应的现象。

表现一：浮躁——做作业时，思想不集中，身体转得像陀螺，旁边的同学有什么小动作或小声音，就会去关注。

表现二：懒散——做作业不抓紧时间，一会儿找橡皮，一会儿削铅笔，一会儿喝水，一会儿上厕所，半天写不了几个字。

表现三：基本功差——写字姿势不端正，字迹马虎、潦草，错别字多，越急写得越快，越快写得越差。

表现四：做题粗心马虎，不细心审题，错、忘、漏的地方多。

表现五：做题没有独立性，不爱动脑子，不愿多思考，遇到难题不思考就去问别人，有的干脆去抄袭别人的答案。

表现六：缺乏做题的信心，碰上难题就打退堂鼓，不能知难而进，久而久之问题堆积如山……做题的质量更是不容乐观。因此，要想取得好成绩，形成良好的习惯尤为重要。

打开思路，找到解题的突破点

做题时最怕的就是思路受阻，这就需要灵活运用所学过的知识，掌握正确的解题思路和方法。

主动寻求解题思路

在做题时，有没有一个正确的解题思路是很关键的。思路对了，那么这道题也就不难解答了。因此，同学们在做题时要积极主动地去寻求解题思路，从而培养独立解题的能力。

山西省的学优生陈敏同学说："在学习过程中，我曾有这样的经历，有时见到一道题目一时找不到思路，就迫不及待地去翻看答案，看答案时往往觉得答案的每一步都顺理成章，该用哪个定理、该用什么方法，非常简单，就自认为把题目已经理解透了。可过几天再做这道题，还是无从下手。我觉得之所以出现这种情况主要是因为我对这道题的接受是一个被动的过程。在这个过程中我只是机械地看到了具体的解题过程，而没有真正理解解题思路。"

在做题时，主动寻求解题思路与陈敏同学曾经经历的这种被动接受的学习方法正好相反，这种方法强调从简单习题入手，因为做简单的习题会比较轻松，简单的做出来之后再由浅入深。当在练习过程中遇到难一点儿的题目时，有意识地强迫自己不看答案、不看书套公式、不求助别人（这些都是被动的方法），而是静下心来，积极调动自己的大脑知识库，主动寻求解题思路。这样由浅入深地训练自己，加上对常见题型的归类分析，再见到数学、物理习题时就会在第一时间反映出该题所考查的知识点和思维方式，就会有得心应手的感觉。

陈敏同学举例说，比如，数学学习中比较典型的双曲线类题目，很多同学都认为比较难，经常感觉无从下手。实际上双曲线类题目有很多比较典型的解题方法，如果见到题目能够主动思考，往往会有举一反三的效果。

确实如此，主动求解一道题比被动接受十道题还要有效得多。教师经常鼓励尖子生多给别人讲题，这实际上是更高层次的主动学习。具体地说，就是不把做出正确答案作为终点，因为要给别人讲解这道题就必须准确理解该题的解题思路、思维方法、分析过程，还要能列举出类似题型，引发更进一步的思考。这样，解题就成为一种乐趣，每落实一道习题都会有一种充实感。

把思路一步步写出来

如果当你主动寻求解题思路陷入困境时，不妨把自己的思路一步一步地写出来，从而启发自己找到解题的钥匙。也就是说，看到题后，不要急于解题，而应先把自己的想法写出来。结果大大出乎许多人的预料，这么一写，原来不甚清晰的思路清晰了，原来不顺的步骤也理顺了。

道理其实很简单，因为写作的过程也就是联想的过程。有过写作经验的人都知道，只要一动笔，原来许多没有想到的词语、思路等，都纷纷涌现出来。文科写作如此，理科学习也是一样。只要一下笔，思路仿佛原来就在脑子里一样，跟着笔尖冒了出来。

确实如此，写作的过程也就是说理的过程。请大家回忆一下，任何一位优秀的数学教师，在讲题时是不是除了数学符号和数学概念，别的什么也不说？当然不是。优秀的数学教师都明白，为了把理说透，应该从各个角度、各个方面，掰开了揉碎了地说。一会儿举例，一会儿推理，一会儿联系。往往为了一道题，教师要说上几百上千句话。把他们的这些话都记录下来，不也就成了"写作解题法"吗？

如果想采用此法学习，我们有以下几点建议。

1. 此法不可常用（事实上也无时间常用）。只有当遇到一道特别有意思、对同学们的思维有所启发的题目或是自己久攻不下后来终于做出的题目时，采用此法，才会收到实效。否则为写而写，只会浪费时间。

2. 写完后，可以装订成册，自己翻阅；也可以互相交流，相互学习。对学生来说，读读这样的笔记，也许比读某些深奥的大论文更有帮助。

不要死钻牛角尖

做练习题时有一个问题值得同学们注意：不要在做练习题时"钻牛角尖"，不要在偏题、怪题上花太多的时间。有的同学抱着一种侥幸心理：我练习一下怪题或偏题，要是高考时出一道这样的题，别人都不会而我却能做出来，那我不就能取得好成绩了吗？

在这种侥幸心理的驱动下，有的同学舍本逐末，丢掉了课本中的基础知识而把大量的时间浪费在超纲的题目或是解题技巧十分复杂的题目上，这会造成很不好的影响，那就是自己的思路总是求新求异，长此以往，就会陷入"钻牛角尖"的歧途。

事实上，只有通过做一定数目的基础题，熟悉了定义、定理、公式，掌握了解题的基本方法和技巧，才能做好难题。理解一个概念、练习一道题目，不从一个正常的角度入手，而是从比较奇怪的角度入手，在实际考试中可能会解开一两道解题方法特殊的题目，却很容易在大量普通题上丢分。另外，还有一种影响是可能会让你丧失信心。怪题和偏题都是不容易解答的，久而久之，就会觉得自己所有的题都解答不了，于是就觉得自己的成绩没希望了。因此，对练习题中的难题不要轻易放弃，但是也不要在难题上"钻牛角尖"，不要在偏题、怪题上浪费时间。

掌握方法，提高自己的解题能力

不管做什么，方法很重要，做题也是如此，只有掌握了正确的解题方法，才能逐步提高自己的解题能力。

关注普通解题法

解题能力是一个逐步形成的过程，没有哪个同学一下子就能成为解题高手。因此，在日常的做题练习中，要有意识地从普通解题到综合解题、从一题一解到一题多解来不断提升自己的解题能力。

首先，在这里要强调的是，做题时要关注通法，不要把问题想得太复杂。

学优生徐语婧同学说："从微观上看，数学的学习就是如何解出每一道数学题。我的经验是关注通法，即关注普通解题法，有余力再掌握一些技巧。由于文科的数学题难度一般都不太大，基础题（用通法可以顺利解出的题目）占绝大多数。对文科学生来说，教师上课时本身就比较注重基础，首先讲的可能就是通法，那么这个时候就必须把教师讲的例题记下来。通法肯定会有一个固定的解题思路，上课时就得领会这个解题思路，课后最好再选一些类似的题目做一做，以便熟能生巧。"

为什么要关注通法呢？举例而言，解析几何对文科学生来说，由于是数型结合的一类题目，一般同学们会觉得比较难，这种题通常放在高考题最后一题或者倒数第二题的位置，算是一个压轴题。这类解析几何题的通法就是把两个函数解析式联系起来求解，虽然有些时候可能计算会比较麻烦，但是都能做得出来。这类题一般有10分的分值，用通法一般同学都能够拿下。如果过于关注技巧，对有些题目就不适用了。

对此，徐语婧同学说："其实以前我的数学成绩也不是非常好。我总结每次考试的经验，发现考得不好的时候不是因为那些难题做得不好，而是因为前面基础题错得比较多，导致分数比较低。所以我想应该多重视基础，于是我便总结出了这个普通解题法。就高考的试卷来看，它的基础分会占到百分之七八十。如果你用普通解题法把基础题掌握了，一般取得中等成绩肯定是没问题的。你在掌握基础题的基础上，肯定能够活学活用，能够有所创新，再能拿到一些难题的分数，就能取得比较理想的成绩了。"

其实解普通的题目也有多种方法，有通法，还有一些带有技巧性的方法。对文科生来说，通法更加重要，因为它能解答这一类型的所有题目，所以更实用。当然，学有余力的同学还可以研究一些技巧，但不提倡钻得太深，因为那样会浪费时间。事实证明，通法掌握好了，高考一般都能取得优秀甚至是拔尖的成绩。

触类旁通，提高综合解题能力

现在，大多数学校在学完某一章节或某几个章节后，都会有一次随堂考。在学习过程中，往往章节考试得高分，综合考试却不行的现象相当普遍。要知道，考试考的就是综合能力，分开了都知道，合在一起就傻眼的做法是无法取得优异成绩的。

那么，如何才能提高"综合解题能力"呢？

●对单一知识点要非常熟

就理科而言，某一单一知识点，它的条件、它适用的范围、它会得出的结果、这些结果在什么计算中会用到，心中都要清楚。一位学优生说："做综合题，这些单一知识点就像工具箱里零散的工具，你试解这道题，就是在不断检索哪些工具适用，如果它们分类排放，你可以信手拈来，你的检索速度就会加快；它们每一样都已磨利，综合题就会在组合工具下迎刃而解。相反，如果调用每一个知识点或公式对你来说都像解一道难题，或者有的工具一下子找不到（在考场上紧张和暂时遗忘常会使你忘掉不熟的公式），你就只能望题兴叹了。

●要善于总结做过的综合题，厘清它的思路

大致的思路可用一句话来概括："问什么想什么，缺什么找什么。"顺序分三种，正推、逆推、两头推。也就是从条件入手，从结论入手，或从条件和所求同时入手。

因此，同学们的习题训练应有一个完整的系统，不仅要求对本学科各学习阶段的习题训练内容能统筹安排，而且应根据教材及知识与能力训练的要求，将不同内容、不同知识层次、不同个性的习

题分门别类，有计划地安排在不同的学习阶段进行系统化的训练，避免因练习内容的选择漫无系统而造成重复的无效训练或遗留技能训练的漏洞。

一题多解，找到解题的最佳途径

要想提高自己的做题能力和学习效率，要练习一题多解，即用多种方法解答同一道试题，这是理科练习中常用的训练方法。这种方法不仅能让你更牢固地掌握和运用所学知识，而且通过一题多解、分析比较，能让你寻找解题的最佳途径和方法，培养自己的创造性思维能力。适当地增加一些一题多解的练习题，对巩固知识、增强解题能力、提高学习成绩大有益处。

因此，我们每做一道题时，都要认真地想一想，这道习题用了哪些概念和原理？解题的基本思路和方法是什么？这道题考查的意图是什么？除了这种解法以外，还有没有别的解法？这些解法中哪一种最简捷、最恰当？

要知道，有不少习题客观上存在着多种解法，要善于钻研，通过对各种解法的比较，确定一种最佳解法并记下来。这样做题，从表面上看和别人一样，实际上质量却是很高的，做题的遍数也比别人多出好几倍，因为它是从多种解法中优选出来的"最佳方案"。

做题时还要注意选择习题的内容、形式及解题方法的多样性，对某些重点知识，可利用习题的变式从多个方面进行训练，以强化对重点知识的理解，获得相关的解题技能。在解题过程中要经常进行一题多解的训练，以避免自己形成某种固定的思维模式，克服学习定式产生的消极影响。

名师点睛　做题时要避免定式思维

在做题时，要特别注意克服头脑中已经形成的"定式思维"的消极影响。有些同学往往拿起题来就先想到和哪道例题或已做过的题相似，然后就机械地模仿那道题的解法来解。殊不知，每道题都有其具体条件，生搬硬套常常会碰壁或有所失误。

重视过程，不要只关注答案

做题时，有的学生只关注结果，只要答案对了就行，其实，在做题的过程中领悟各种解题思路和方法才是最终目的。

时刻关注解题过程

一定要重视做题的过程，特别是做题之后一定要思考，这个思考的过程就是数学思想和数学方法形成的最重要的阶段。

只有时刻关注做题的过程，不是只关注答案，才能真正掌握有效的解题技巧和方法。没有做出来的题目，在思考的过程中，一定要问自己：为什么这个方法比较好；为什么我没有想到这个方法；以后在哪些情况下还可以用到这样的方法。

数学解题方法更是如此，当你学到一个新的方法时，最好使之成为你数学能力的一部分，比如，求最值的方法有哪些，求角度、长度的常用方法，证明垂直的方法等，这些方法一旦真的成为你自己的方法，数学解答能力的提高已是必然，数学成绩的飞跃则指日可待。

由此可见，虽然做题要的是最后的结果，但解题的整个过程也是至关重要的，不可忽视。

重视运算过程

在做题时，有一个令很多同学都感到困惑的问题：明明看起来会的题，为什么总是做不对？其实，原因是出在做题过程中。

不少学生在做题时马虎草率，急急忙忙地算出得数，然后和同学对答案，对了就算过去了，不对再查找原因。由于在开始做题时，头脑中就想着：做得对还是不对，过一会儿再跟同学对一下答案就知道了。这样，做题时就降低了对自己的要求，长久下去，就形成了一种依赖思想，对自己能不能独立把题做对毫无把握，缺乏信心。

还有一些学生做题时运算的准确率极高，但这是靠计算器算出来的。用惯了计算器的学生一旦离开计算器，连进行最基本的运算都会感到困难。道理很简单，用计算器只要输入数据，就可以得出结果，中间的运算过程由计算器代替了，我们当然看不到运算过程。经常不进行运算实践，那么运算能力就"退化"了。

做题的关键是要保证规范、准确。要做到这两点就要求学生严格按照各类题的解题要求，仔细演算解题的每一步，得出正确的结果。只要平时做题认真细致、步骤完整、思路正确、表述严密，考试时才能按照这种良好的习惯进行。

如果一个学生在做题时，运算过程靠计算器完成，运算结果靠和同学对答案，这样必然离不开计算器，离不开同学。而在重大考试时，既不能用计算器，又不能和同学对答案，那时候，你便会手足无措。

不要提前看答案

做题时提前看答案有很大的弊端，它容易使人养成懒惰的毛病，不想动脑，难题来了，直接找答案了事。那么，当我们面对难题时该怎么办呢？下面介绍几种面对难题时的应对方法。

1. 尽力在大脑中搜索以前是否做过类似的题。哪怕是有一点点类似的题都应抓住，这也许就是解答此难题的突破口。

2. 实在答不出来，就索性将题放在一边。先做别的事，过一段时间回过头来，也许思路就打开了。

3. 还想不出来，只看解题过程的最初一两步。一有启发，就不要往下看了，自己想。

吸取教训，避免一错再错

很多同学不善于总结经验教训，经常是同样或同类型的题目，这次做错了，下次还错，因此要学会从错题中总结规律。

及时分析出错的原因

在做题时，一旦发现错误，第一步就是分析出错的原因。要尽量减少因为马虎而造成的错题，马虎是一种不良的学习习惯，大家必须克服。一般的错题都是有一定原因的，比如说，是由于某个知识点没掌握牢，或是由于某个方法还不会灵活地运用。根据出错的原因，第二步要做的就是找出配套练习题，进行滚动式的反复练习，把所有和它相关的题型多做几道。直到完全掌握这种习题，包括它一般的出题方式和答题的方法，这个错题就被攻破了。

可见，做错题并不可怕，重要的是要从错误中找到原因，总结规律。学优生孙田宇同学举例说："比如，教材介绍过的三余弦定理，书上有一些推导过程，结论就是一个角的余弦值等于另外两个角余弦值的乘积。刚开始学的时候，我觉得这个方法自己已经掌握了，但是后来做题还是有失误，因为没有灵活掌握。通过大量做题，我发现在教师出这方面的题的时候，提问方式特别有意思，题目经常会问你某一个角的余弦值是多少，我做了很多道题都是这样。于是我就总结出一个规律，在综合卷子中，一旦某道题目最后一个问题问的是某一个角的余弦值是多少，我马上就会想到三余弦定理。这样的话，相当于这类题已经在设问的时候提示你解题的方法了。"

这样，通过错题分析法能总结出出题规律和答题方法，不仅仅是数学，这在学习别的科目上也很有帮助。

难题笔记与错题笔记

学生最害怕的事就是考试时不会做题和做错题。不会做题可能是因为觉得试题陌生或太难而无从下手；做错题是本该做对却因某种原因做错了。要避免这两种情况，除了巩固书本上的基础知识外，平时还要坚持做难题笔记和错题笔记。如果能养成坚持做难题笔记和错题笔记的习惯，并在做笔记时加以分析，使难题不难，错误不再重犯，这会明显提高考试时答题的正确率。

下面，我们就来看看如何做难题笔记和错题笔记。

●难题笔记

准备一本专用记录本记下平时练习和各次考试时遇到的难题，并在难题旁注上关键难点、解题思路与方法，并列出该题若干种变化形式，举一反三。这是根据遇到难题的先后顺序从纵向做难题笔记。此外，还可以根据难题的性质从横向分别加以归类。同学们审题后不能把当前习题归入知识系统中相同或相似的类型中，是造成无法正确解题的关键。将同类型难题归在一起，让自己见多识广，便不至于在考试解题时对不上号而无所适从。平时从纵向、横向两方面对碰到的所有难题进行分析归类并贮存在脑子里，下次碰到相同或相似的题目时就不觉得难了。

● 错题笔记

1. 记下错题是什么，最好用红笔标出。

2. 分析错误是在哪一环节发生的，为什么会出现这一错误。

3. 根据错误原因分析提出纠正方法，并提醒自己下次碰到类似情况时应注意些什么。

名师点睛 高效的错题索引法

错题索引法就是第一遍做题时在做错的题目的题号上做出醒目的标记，并在页首标明有哪几道题做错。日后复习时就重点关注这些题，掌握之后就画去，一遍遍复习下来，记号越来越少，当确定一本资料没有尚未落实的错题后，这本资料就可以扔到一边了，这样就不需要总是在手边放一个厚厚的错题本了。这种方法既节省了时间，又可以及时清除老题，有助于保持新鲜感和成就感。

第 **7** 章

深度记忆：
拥有超强记忆力

　　有些学生的弱点很明显：学到的知识记不住、背不下来。有些学生常常将此归咎于自己记性不好。其实，一般人大脑的记忆功能是相差不大的。实际记忆之所以有差异，是因为各人对大脑记忆的规律和提高记忆能力的方法掌握多少不同的缘故。

找到规律，记忆是有迹可循的

记忆是有规律可循的，只要找到记忆的规律，并善加利用，提高记忆能力并不是一件特别困难的事情。

学会降低知识的遗忘率

在学习中，有些学生常常抱怨自己记性不好。其实，一般人大脑的记忆功能是相差不大的。实际记忆之所以有差异，是因为各人对大脑记忆的规律和提高记忆能力的方法掌握多少不同的缘故。也就是说，学生记忆力水平高低之间的差异只在于方法技巧上的不同，如果方法得当，你可以轻松地记住你想要记的一切知识。

对广大中学生来说，要提高记忆能力并不能只依靠死记硬背，而是应当首要解决如何降低知识遗忘率的问题。

要降低知识的遗忘率，提高自己的记忆能力，就要抓住下面这三个要点。

●理解同记忆相结合

一定要把所记内容的道理吃透，有了理论基础再来记就容易多了。比如，记历史时就可以在记一段内容时，先弄清其中的历史理论给我们以什么历史启示，有了对某一历史阶段正确的历史认识再去逐步记忆其中的细节。

●抽象记忆同形象记忆相结合

这一点有助于你轻松记忆，而不至于记得心烦意乱。在记历史知识时，可以想象那些历史故事，这自然就置你于一个历史大环境中，在这样的环境中再来领悟其中的内容与道理，岂不简单？在记政治时，也可同社会事实、国际大事相联系来记忆，既做到理论联系实际，又有助于记牢，还可活学活用。

●千万不能逐字逐句地背

应先记大方面，先记大点，再具体记每个大点下的小点，再逐步深入每个小点下的具体内容，这样不仅能够牢记内容，而且使你头脑清晰，掌握的知识有条有理，知识结构有了固定的框架，遗忘率自然也就大为降低。

如何争取最佳记忆效果

德国心理学家艾宾浩斯曾经进行过"过度记忆"实验。他用不同的过度次数去记忆几组 16 个无意义音节，在达到刚能背诵时，对第一组多读 8 次，对第二组多读 16 次，对最后一组多读 64 次。间隔 24 小时后复习，直到能够正确背诵为止。结果发现，记忆保持的百分比几乎与"过度"的次数相等，即超读 64 次的多保持了 64%，并且总结出，这个数值相对成为了极限。

这个实验说明：为了提高记忆效率，应该对识记材料进行过度记忆。简单说，就是在刚好记住的时候，再多记几遍，以争取最佳记忆效果。

应该注意，过度记忆并不是机械重复、死记硬背，而是需要积极思维，深刻理解，抓住重点，弄懂弄通。再有，运用过度记忆法主要是对重要的、基础的知识而言，而不是不分主次，一律"过度"。另外，还需说明，过多的过度记忆可能让人产生疲劳、厌倦，导致注意力涣散等，这是影响记忆的不利因素。

掌握技巧，找到适合自己的记忆方法

在掌握记忆规律的基础上，如果能学会几种帮助你记忆的方法，将会让你记得更快、更多、更好。

"压缩饼干"记忆法

"压缩饼干"记忆法，指的是在记忆时，有所简化才有所强化。简化，就是先提炼出识记材料中的关键性词语，然后进行综合概括，形成一个或一组简单的"信息符号"，这样就更便于记忆了。

首先，在学完一部分内容后，要思考这部分到底讲了什么，哪些是教师上课强调过的知识点，哪些又是应该掌握的要点。然后，带着这些问题对学过的内容进行处理，即用异色笔在书上勾画出每个要点最具代表性的一句话，并在每个要点前面用阿拉伯数字编上序号。就历史来说，划分要点可以根据时间、人物、地域、物产等不同的标准来进行。这样，经过条分缕析，一段文字里所包含的知识点就会凸显出来，一目了然，一方面减少了记忆量，重点突出；另一方面可以避免错记、漏记，同时，在划分要点的过程中可以加深对知识的理解。

可以看出，这种记忆方法就像制作压缩饼干一样。在简化和提炼的过程中，对材料的认识提高了，理解加深了，然后上升到抽象思维的高度去把握它。这种概括后的材料，可以称作知识的结晶，它言简意赅，具有代表性，容易与头脑中的知识结构相关联，有利于记忆。

这种概括材料的主要形式有以下几种。

1.主题概括。无论是鸿篇巨制，还是诗词小令，都有一定的主题思想，只要把它提炼出来，就能概括记住材料的主要内容。

2.内容概括。对内容繁多的识记材料，可以采取浓缩的方法，化多为少，抓住要点，就会大大减少记忆量。

3.简称概括。对较长的词语、名称进行简化，赋予它一个新名称，这样便于记忆。

4.顺序概括。把识记材料按原顺序概括，记忆时突出顺序性。如"王安石变法"的内容：青苗法、募役法、农田水利法、方田均税法、保甲法，可简记为"一青二募三农四方五保"。

"多通道"记忆法

如果平时你注意观察一下周围的同学，会发现他们无非都在用一两种习惯的记忆方式：有的只爱大声读个不停，有的只喜欢闷头看个不休，有的不写就记不牢，有的不听就心里没数。

当然，这些方法也是正确的，会有一定的效果。不过，效果却不算最好的，原因就在于它们都属于"单通道运行"，信息主要是通过单一渠道进入大脑。

前苏联心理学家赞可夫曾做过这样的实验：让三组学生去背同样的 10 张图片，第一组只用听觉记忆，记住了 60%；第二组只用视觉记忆，记住了 70%；第三组同时运用视觉和听觉记忆，记住了 83%，效果最好。宋代学者朱熹曾经提出，读书要做到"三到"：心到、眼到、口到。说的就是要将视觉与听觉结合起来，协同记忆、理解记忆。研究表明，这种多通道协同记忆的方法比单纯用眼看或朗读要有效得多。另外，心理学家认为，单调的记忆方式不仅效率低，而且容易带来消极情绪，导致心理疲劳，而多样化的记忆方法就能避免这些问题产生，容易让人感到新鲜有趣，激发更大的积极性。

多通道记忆法动员脑的各部位协同合作来接收和处理信息。这种方法在掌握各种语言文字的过程中效果显著。因为无论是哪一种语言，学习的目的总是为了读、写、听、说，这四种能力恰恰涉及信息输入和输出四种不同的通道。因此，在学习语文、外语、政治、历史等记忆性较强的学科内容时，最好采用多通道记忆法。

采用多通道记忆，可用如下方法。

1. 眼、口、心、手、耳并用。哈佛女孩刘亦婷就是通过这种方法来记忆的。她从小学起，就学会了记忆方式多样化的技巧。如果是在家学习，面对需要记忆的材料，她会综合采用这样一些方法：独自朗读、默读、动笔抄写、听有关录音、回忆要记的内容、默写、请父母当听众进行提问或抽查、跟父母讨论、做题等方式应用知识以加深记忆等。

不知你有没有发现，她的这些方法中包括了眼、耳、口、手、脑等各种"信息输入渠道"。它们交替使用，全面调动了记忆潜力，效果非常显著。

2. 听、说、读、写相互结合。听、说、读、写是学习活动的四种基本技能。同样，在记忆的过程中，也要把这四种基本技能利用起来。例如，背诵一篇文章，你可以对着录音机念一遍，把它录下来，然后播放，一边听一边跟着读，边读边品味作者的遣词用句、文章所表达的意境。特别是在学外语的时候，边听录音边跟着读，如果再能把听到的内容写下来，效果会更好。

"吃甘蔗"记忆法

不少中学生面对一大堆要背的课文、材料，常有一种"不知从何背起"的感觉，有的学生甚至由此丧失学习的信心。而"吃甘蔗"记忆法正是一种使你找到从何起步、树立信心的好办法。

"吃甘蔗"记忆法，就是把要背的课文分成若干段，每一大段里又可分若干小段。如此这般，原来一大篇化成了若干小篇，若干小篇又可化成若干小段。一小段一小段地记并不困难，时间久了，信心自然也就有了。

学优生陈珊同学说，她背书不像别人那样一口气把一篇课文读完，然后一字一顿地背。她背书时先读几遍课文，使自己熟悉一下要背的内容，然后像吃甘蔗似的一节一节地背下去，读完一节背一节，如果有的课文中一节太长，就把它分成几个层次来背。等每一节都背熟以后，把整篇课文读一遍，再背一遍。如果有的地方还不够熟，就重点读那部分。背上三四遍，有容易遗忘的部分，要重点加固。最后，再把课文背一遍，就行了。

她是怎样掌握这套背书方法的呢？那还得从一个晚上说起：那天晚上，陈珊同学看完电视正想睡觉，突然想起今天要背的课文还没有背，这可把她急坏了，她赶忙找出语文书背课文。可是又一想，这篇课文太长了。她要背到什么时候才能背完呢？干脆，把前半部分背完，后面的明天再背。她这样想着，就读起前半部分来。但是前半部分也很长，她就一节一节地读，然后连起来背。呵，还真灵！不一会儿，她就把前半部分背完了，她又用同样的方法试着背后面的，没过多长时间，竟也背出来了。以后，她记忆就都用这个方法。

可见，化整为零，化大为小，是符合记忆规律的好方法。

形象记忆法

作为记忆方法的基本点，就是通过形象来记忆事物。因此，有人说一切记忆都始于形象。实验也证明，直观形象的事物比抽象的事物容易记忆，而且记住之后不易忘记。把这一特点应用到实际记忆中就形成了形象记忆法。形象记忆法，可以通过形象联想进行。在大脑中，要像电影屏幕一样，一边看文字、听词语，一边在脑海中浮现事物的形象。长期坚持，养成习惯，就能在短时间内把所见所闻的事物形象印入脑海中保存下来。那么在实践中，如何利用形象记忆呢？

1. 借助实物形象记忆。以记忆单词为例，就是要把记忆的词尽量换成具体的事物。比如，一提"领带"，马上想到自己最喜欢的一条；一提"电影"，就想到自己最喜欢的影片。

2. 利用图表构成形象进行记忆。在学习生活中，我们常常会碰到有些记忆内容比较冗长，也比较复杂。因此，在学习中，我们要善于利用图、表、模型等方法来减轻记忆困难，因为图标是很形象直观的。尤其是学习历史、地理时，要多读地图和表格，对朝代、事件、方位、地形、气候、河流、山脉等进行分析比较。这样，知识点就比较容易记住。

名师点睛 利用卡片帮助记忆

我们可以把一些需要经常记忆的内容，写下来，或者在电脑上排好版，打印出来。卡片的正面记录的是某个知识的关键词；卡片的背面记录的是知识的主体内容，要求语言精练；卡片上标注好：类别、编号、标题。

学习的时候，我们通过卡片上的关键词，回忆，复述知识点，然后对比卡片背面的主体内容，检查学习和记忆的效果。

比较归纳，在思考的基础上记忆

记忆并不是机械地记和背，要以思考为基础，对知识进行灵活的比较、分类、归纳，可以帮助你更深刻地认识记忆的内容。

通过比较加深记忆

比较的方法很多，主要有以下几种。

● 对立比较法

记忆时，把相互对立的事物放在一起，能形成鲜明的对比，容易在大脑中留下清晰的印象。

● 类似比较法

很多事物、知识从表面上看极其相似，但本质上却有差异，记忆时，可以找出相似的不同点来，进行比较。

● 对照比较法

它是指同类材料的不同表达方式之间的比较，这是一种横向对比。一般做法是把同类的若干材料同时并列，在学习的过程中进行比较。

● 顺序比较法

它是指新旧知识之间的比较，这是一种纵向比较。一般做法是在接触新知识时，把它与头脑中已有的知识相比较，看它们之间的联系、相同与不同之处。

分组归类，各个击破

分组归类就是指当记忆材料比较多时，为了便于记忆，可以将所要记忆的材料进行分组归类，加以组合，形成不同的记忆组块，从而达到提高记忆效率的目的。比如，我们要记以下这些名词，分别是：电视、大米、尺子、面包、西服、风衣、橡皮、绿豆、裙子、书本、空调、蛋糕、背心、钢笔、冰箱。如果我们记忆时按照这些词的字面排列顺序来记，而没有从中寻找规律就很难记忆。但是如果我们分析这些词，并把这些词分组归类为家电、服装、食物、文具四大类，记忆起来就既省时方便，又记忆牢固，不易忘记。

学习一个较长材料时，我们还可以在整理归类的基础上，以提纲的形式保持记忆。通过编写提纲，可以使材料在自己的脑海中更有条理地呈现，同时把很长的材料分成不同的组块进行记忆。同时，小标题也可以提示要回忆的内容。

编写提纲，包括以下几个步骤：①把识记材料按照一定意义，分成几个部分；②归纳每个部分的小标题，或提出容易联系记忆的支撑点；③把各个组成部分按照小标题或支撑点连成一个系统。

"减肥"记忆法

这里所说的"减肥"，就是对记忆对象的一种概括。而概括的过程，正是一个思考的过程（什么是重要的，什么是次要的），也是一个提高的过程（这么多内容实际上要说明什么问题），因此，概括不仅仅是便于记忆，也是一种提高学习效率的方法。

下面，介绍几种"减肥"记忆法。

● 提纲网络法

知识大多是零散的，不便于记忆。要是找出知识之间的内在联系，把它条理化，像用线把珍珠穿起来一样就好记多了。知识之间的联系是各种各样的，不仅有纵的联系，而且有横的联系。因此，在记忆的时候，不仅要善于穿珠，而且要善于把知识编织成网。

● 主干记忆法

读一本书或学一篇文章，都要先把握重点，把重点记住。重点可以作为记忆的"主干"，然后再在这些主干上添加次要事件。在学习文、理科时，均可运用此法。例如，如果要把历史教科书中的有关内容逐字背下来是很困难的，但如果先把重要的历史事件挑出来，跳跃式地记入大脑中，使它们成为记忆的"主干"，然后再在这些主干上添枝加叶地记住次要事件，这样记忆起来就要容易得多。

● 浓缩记忆法

考试前，不少同学都懂得应把重点"过"一遍。但是，如果逐字逐句地去"过"，效率太低，费时太多。为此，就有人创立了浓缩记忆法。浓缩记忆法，就是把要"过"的内容高度浓缩，看见一个字、一个词，便可迅速回忆起全部内容，从而大大提高效率，节省时间。例如，复习中国古代史的井田制，可将其内容浓缩为："国王所有，诸侯享有，奴隶耕作，形似'井'字。"或者进一步浓缩为："王有、侯用、奴耕、井形。"这样记忆的好处是在需要回忆这段内容时，只要酌情在每段话上添枝加叶就可以了。

名师点睛

记忆要有目的性

记忆不应是盲目的，每天背多少就算多少，这样既容易劳累，又会使你越背越没头绪，条理不清，便难以记住。记忆应计划着多少天背第一遍，多少天背第二遍，今天背哪一章哪一节，明天背哪一章哪一节，这样的记忆有目的性，而且使你对当天的记忆内容做到胸中有数，从而不易疲劳，条理清晰，也不会使你丧失信心。

第 *8* 章

用脑学习：
掌握思考的窍门

　　有些学生只会机械地死记硬背，一说要思考、要动脑，便觉头痛。这事实上是不善于思考，平时缺乏思考训练的表现。相反，另一些学生却觉得思考是一件自然、轻松、快乐的事，就是因为他们掌握了思考的窍门，积极思考，于是学习轻松，成绩也优秀。

主动思考，脑子越用越聪明

学习并不是被动地接受知识，而是要开动自己的脑子去思考，这样才能举一反三，取得最佳学习效果。

学会独立思考

作为一名中学生，首先应该培养自己独立思考、自主学习的能力。自主性学习，就是在教师的指导下，自己独立学习，在思考的过程中，遇到困难时可借助教师的点拨和引导，但绝不能依赖教师，不能什么都叫别人告诉，要在教师介绍的主要知识点上，自己开动脑筋提出问题、分析问题、解决问题，多思、多问，通过自己的脑力劳动去获得真知。

为了培养独立思考的习惯，我们可以从以下两个方面着手。

●用自己的话讲知识

经常用自己的话把一段时期内学到的知识讲出来，可以讲给父母或小伙伴听，讲得越通俗越简单越好。把课本的话变成自己的话，需要一个独立思考的过程，长期坚持下来，我们就会养成独立思考的习惯。

●经常对各种题型整理归纳

我们可以在做一定量题目的基础上，对题型分类整理，概括出每种题型的解题技巧和注意事项。通过这种独立思考，以后再见到类似题型时，就能够按部就班地得出正确答案。

"听"与"思"相结合

有很多同学反映：上课时教师讲的我都听了，为什么学习效果还那么差？最主要的原因就是这些同学上课时只是单纯地用耳朵在听，而没有让大脑来思考。"学而不思则罔"，说的就是这种现象。

同样是听一堂课，为什么有的同学收效甚微呢？主要原因就是他们没有把"听"和"思"结合起来。要知道，听课的含义远不止被动地听教师在说什么。不要做一个被动的信息接收者，而是要充分调动自己的积极性，将自己的思维和教师的讲课过程紧密地联系起来，这样听课的效果才最好。

由此可见，在听课时积极思维、听思结合多么重要。那么，在课堂上如何进行思维呢？

1. 超前思考，比较听课。上课不仅要跟着教师的思路走，还要力争走在教师思路的前头。譬如，教师刚提出一个问题，就应主动去寻找答案，然后和教师的答案核对。自己想对了，教师再一讲，就记得更扎实；自己想不出来，或和教师的答案不一样，再听教师的讲解，自己的理解也会更深刻。

2. 从教师的讲解中舍弃那些非本质的表面材料，去粗取精，归纳出教师所讲内容的梗概，领会教师讲解的要点，并使这些内容与自己原有的知识结构融为一体。

3．揣摩教师讲解的意图。弄清教师是在陈述一件事，还是在说明一种物；是在抒发某种感情，还是在发表某种议论；是在探讨某个问题，还是在提出某种疑问。

4．体会教师在讲课过程中提出的有益的学习方法，并寻找合适的机会灵活运用它，以提高自己的学习效率。

名师点睛 给自己独立思考的空间

要培养独立思考的能力，就要给自己一个独立思考的空间。

1．创造一个思考的氛围。我们应该拥有自己的世界和空间，和同学、朋友一起开动大脑，共同思考，形成互动，创造共同努力、共同进步的氛围。

2．学会创造性地思考。要有意识地养成追根究底的习惯，凡事都要问个为什么。同时要自己努力寻找答案，不要总是坐着等待别人来告诉你答案。要学会不断地探索谜底，钻研问题。

敢于质疑，多问几个为什么

在学习中，不能简单地把学到的知识照单全收，而是应该独立思考，敢于质疑，这样才能培养自己的分析能力。

学习要有怀疑精神

根据调查显示，那些在学习上获得成功的人，就在于他们具有怀疑精神，具有提出问题的意识，没有在知识与权威面前停止思考，从而走出了属于自己的天地。因此，是否具有怀疑精神，是否具有提出问题的意识，就是思维是否成熟的标志。

著名演员姜文在中央戏剧学院读书时，教师和同学们评价他是一个聪明的学生，但不是一个顺从、听话的学生。姜文敢于质疑，于是培养了自己的观察分析能力，培养了独立见解。

上课时，教师常常对学生们讲一些表演的原则、注意事项等，给予同学们的表演一些指导，比如，应该"这样"，而不是"那样"。这时，姜文总是在琢磨："我可不可以那样演？"因为在他看来，没有多少事情是绝对应该"这样"不能"那样"的，什么事情都值得重新探讨和研究。所有的原则与理论都必须结合"实际"才能发生效用，否则，便失去了意义。所以，姜文非常注意对自己进行有针对性的训练，从而摸索出了一套切合自身实际的表演风格。

在思考中学习对姜文后来的成功产生了积极的影响。姜文毕业后，在电影创作中不像一些演员那样一切跟着导演的指挥棒转，而是注重自己的体验，注重与导演商讨对角色的看法，最终使表演达到最佳效果，赢得了广大观众的认可。

因此，学贵有疑。学习中通过思考提出问题，对掌握知识、训练思维非常有益。正如明代陈献章所说："前辈谓学贵有疑，小疑则小进，大疑则大进。疑者，觉悟之机也。一番觉悟，一番长进。"

如果发现课文的句子有语病，那就提出疑问进行讨论。教材是人编的，课文是人写的，对教材的盲目迷信是不对的，有时甚至是有害的。它限制了我们的思维，扼杀了创新意识。孟子说的"尽信书则不如无书"，也就是要我们有怀疑精神。无数事实证明：学贵有疑，有疑则进。要想在学习中取得好成绩，就得倡导一个"疑"字。

多问几个为什么

好问，是打开知识大门的钥匙。同学们学习的时候，正是在求得一个个问号的解答，探求到解决问题的新见解、新方法，一步一步进入知识的宝库。如果一个人从小对接触的知识不提一个问题，不问一个为什么，那么，他的头脑就好像一个不能点亮的灯笼，不能引进火种，也放射不出智慧的光芒。

看看一些学有所长的人物所走过的成长道路可知，他们无不把好问作为学习的诀窍：学问学问，一学二问；不学不问，是个愚人。周恩来小时候读书时，到教师那里去得最勤、问得最多，还经常和同学们一起互问互答，探讨问题，不断追求新思想和新知识。

好问，要以多思考为前提。有的同学平时不用功，一遇到疑问就向他人请教答案。这种"懒思而多问"是不足取的，而应该善于向自己提出各种各样的难题，逼自己去认真钻研和反复思考，找出实在弄不懂的地方，再去问人，这样学习效果才会好。

好问，还要有"打破砂锅问到底"的精神，学习不能像走马观花那样只看表面，要追根寻底，弄明白来龙去脉。确实，我们对自己不懂的问题，不能只满足问个"是什么"，还要思考和问个"为什么"，进而探索和追问"怎么样"。

学优生王怡凯同学说："在 10 余年的学习生涯中，感触最深、使我受益最大的是少'嗯'多问。"

先说"嗯"。课堂上，教师讲得绘声绘色、津津有味，而同学们听得聚精会神，并不时发出"嗯、嗯"之声表示理解或赞同，这大概是教师很满意的课堂气氛，同学们也很得意的听讲效果吧？可是，我却认为这样一味地"嗯、啊"随声附和、不动脑筋，并非一条十分有效的学习途径。凡事喜欢探个究竟而不轻易说"我懂了"3个字。

王怡凯同学总结出的这个学习经验十分形象。他举例说：

　　比如，语文课上，教师教我们"移就"这种修辞手法，他解释说："移就，即把本来只修饰某种事物的词临时移饰与它相关的事物。"还举了一个例子："怒发冲冠"，说明其中"怒"本是修饰人的，这里移来修饰与人相关的头发，这就叫"移就"。于是我就想：这里的"怒"是否可以不看成是"发"的修饰语，而看成是被修饰的中心词，让"发上冲冠"作"怒"的补语呢？即使是"愤怒的头发"，又是否可以理解为拟人化的写法呢？

　　又比如，在物理课上，教师讲"电动势"一节时告诉我们内压、外压之和为电动势。于是我就又想：为什么它们的和为电动势呢？是否可以把这看成一个串联电路，电动势即为总电压，内压、外压就是分压呢？教师还告诉我们，测内压时不能直接将导线接在正负两极上，否则测出的为路端电压。这时"为什么不能接""内压为何不等同于电动势"等一连串的问号又从我的脑子里冒了出来。总之，教师说什么，自己并不附和，而是多问几个为什么，这是我自认为很成功的学习方法。

勇于质疑

要培养思维能力，就要勇于自我质疑，经常自我质疑。如，"这一点我懂了吗？""我的答案为什么和标准答案不同？""我的解法不是标准解法，为什么答案却相同？""我错在哪里？""还有什么新的解法没有？"这种自我质疑的精神会帮助我们真正学会所学的知识。

在学习过程中，也可进行自我质疑。如在学习开始之前，可自问："如何选读教材？"在学习中，可自问："我这样思考、解答对不对？"在学习结束之后，可自问："我的学习达到目的没有？""这次学习我学到了什么？"这样自我质疑，可以学得更深更透，同时也提高自己的思维能力。

大胆创新，提升自己的创造力

学习不能墨守成规，要敢于大胆创新，开发自己的创新思维，它会使你的学习取得意想不到的效果。

打破常规，改变固定思维方式

有这样一件在社会上引起极大反响的事。

语文课本里有这样一道题：雪化了，是什么？大多数学生都回答是"水"，教师给予了肯定。而其中有一个学生回答的是"春天"，却被教师狠狠地批评了一顿。教师的理由是：雪融化了，理所当然地变成了水，怎么会是春天？简直不可思议。

长期以来形成的思维定式让许多学生、教师陷入了学习的围城，思想变得僵化、死板。"雪化了，是春天"，多么富有诗意、富有哲理、富有感情的回答呀！它充分体现了这位学生灵活的思维和丰富的想象。而那位教师的头脑里则装满了陈旧的固定模式，而且已经形成一种可怕的定式思维。

那么，如何有效地改变学生的固定思维方式呢？

●寻找共同点

事物之间总有或远或近、或大或小的联系。如果你抓住了这些联系点，就像抓住了一条线，这样你就可以轻松地拉起整张网，捕获大量的"鱼"了。

● 关注不同点

一种事物区别于其他事物就是因为它们具有各自的特点。通过认真观察，你会发现其中细微的差别，这样你在解决问题的时候，就可以从一个问题想到另一个问题，从而达到触类旁通的效果。

● 加强举一反三的训练

在我们做数学题时，经常是一道题有好几种解题方法，因此在做完一道题时，不要仅仅满足于得到答案，同学们还要多想想是否还有其他的解题方法。

● 肯定自己的成绩

经过一段时间的训练后，你一定经常会产生一些奇思妙想，此时，要勇于肯定自己的想法和创意。慢慢地，你就会发现自己的思维方式在改变，你变得越来越灵活。

用发散思维解放头脑

有一天，一位牧师正在家里准备布道用的材料，不料，他的小儿子却一直吵闹不休。牧师灵机一动，从杂志上撕下一页地图，撕成碎片，对小儿子说："宝贝，地图被弄坏了，你要是能把它拼好，我就给你两美元。"小儿子高高兴兴地接过了那些碎片——牧师长吁一口气说："现在好了，可以安心工作了。"

不料，没到 10 分钟，他的小儿子就回来了："爸爸，给我那两美元吧。"牧师看到那张拼好的地图，大惑不解："怎么会这么快就拼好了呢？"

小儿子神气地把刚刚粘好的地图翻过来说："看，地图背后是一位明星的画像！我不熟悉要拼的地图，但是如果这个明星的画像正确，地图就肯定也是正确的！"

牧师拿出两美元说："对呀！只要人像是正确的，那么地图就一定是正确的！谢谢你给我提供了讲道的材料！"

如果我们沿着固有的思路，认真地投入支离破碎的地图碎片中，肯定会浪费很多时间，事倍功半。而牧师的小儿子只是在开工之前多想了一小步，于是发现了地图背后的秘密。

想到别人没想到的，这就是一种创新思维。接着反思下去，这种创新思维是怎样实现的呢？因为他的思维首先发散了。开始行动之前把自己的思路最大限度地打开了，所以他思考问题时有了更大的空间。

但是，由于灌输式教育的影响，导致很多学生在学习中的思维方式都是螺旋式或直线型的，习惯地将学习中的问题化为一种非 A即 B 的简单判断，认为一个问题只有一个正确答案。而发散思维可以围绕着一个确定的问题，帮助你找到对应的多种解答方式。

发散思维，是以一个目标为中心，让思维不依常规、不拘一格地向四面扩散，沿着不同方向、不同角度，寻找解决问题的答案的思维方法。

发散思维具有快捷、流畅、变通和独创等特征，它在思维过程中起着决定性作用，为学习指明方向，为探索提供多种途径，帮助学习者在学习过程中快速、灵敏地克服心理定式的影响，冲破传统思维方式的束缚，用前所未有的新视野、新角度去观察事物，发现那些有价值而又容易被忽视的现象，寻找事物之间的联系，从而使学习者形成新的知识系统。

在这些特性中，变通性是关键，它既是流畅性的条件，又是独特性的前提。没有变通性，只沿着一个方面发散思维，发散的方向总归有限，流畅性难以继续，更无法产生独特的思维成果。

在学习过程中，如果只是顺着某一思路思考，往往因为找不到最佳感觉，而不能进入最好的学习状态。发散思维可以让你从其他领域，或者从似乎与学习对象关系不大的事物中受到启示，从而产生新的设想，得到意外收获。

美国数学家马丁·加德纳说："你考虑的可能性（不管它多么异乎寻常）越多，也就越容易找到真正的诀窍。"因此，在学习过程中，一定要善于运用发散思维，善于从不同的角度思考问题，在一个问题面前，应尽量提出多种设想或答案，以增加选择对象；善于变换影响事物质和量的诸多因素中的某种因素，以产生新思路。

在学习中运用发散思维还要注意同收敛思维相结合。收敛思维，是指以某个思考对象为中心，从不同方向将思维指向这个中心点，以达到解决问题的目的，它具有综合概括性的特点。新设想、新答案要靠概括能力来获得。

例如，要解决一个综合性、多步骤的理科运算题目，首先就得根据自己的认识，综合已知的条件和要求，找出解决问题的关键部分。关键部分找不到，就无法凭借自己的知识经验和问题中的条件去放开思路，找出解决这个关键部分的所有可能的途径和方法，因而也就无法得出正确答案。因此，发散与收敛是相互配合的，有收敛才能发散，经过发散才能进行更高层次的收敛，从而使认识不断深化，问题得到解决。

同样，在其他方面，发散思维也最大限度地解放了我们的智慧。现在就想一想还有哪些吧？记住，最好的方法来自发散思维之后的抉择。

逆向思维的妙用

逆向思维方式的关键是摆脱习惯思维的定式，将思路改变到与原来相反方向的一种思维方式。通俗一点儿来说，就是"倒过来想一想，反过来想一想"。

逆向思维方式最大的特点是求异。别出心裁，做事不扎堆、不盲从，用自己的想法或者努力去找自己的思路，最后在新的思路指引下超越他人。想想看在平时的学习中我们哪些地方可以用到这种方法呢？怎样在思考问题、解决问题时保持足够灵敏的变通呢？

反过来想，实际上是要我们根据已知的信息，使我们的思路沿着不同的方向和角度展开，多方面寻求问题的答案。其实，车水马龙的大街发生堵车现象是很常见的，交通堵塞往往使我们不能按时赶到目的地，不但耽误了事情，还破坏我们的心情。可怎样才能避免堵车呢？我们首先要防止自己的大脑堵车，保持思路的畅通是最关键的。四通八达的思路能够带我们到任何一个地方。常说的创造性思维其实也是在强调思路上与众不同的突围。像这样的例子还有很多。

电灯泡的体积怎么测呢？物理课上好像从来没有讲过。对，没有公式。花了两个小时，用了一大沓稿纸，绞尽脑汁还是一筹莫展。我们看看大发明家爱迪生是怎么测量的。爱迪生把灯泡装满了水，然后把水倒进准备好的量杯。不到一分钟的时间，灯泡的体积就已经赫然在目了。

在学习中，我们不能一直囿于自己一成不变的思维方式，被自己学过的复杂公式所迷惑。开拓非程序性的思维路线，考虑到不相关的情况，必要时逆向想一想，怎么还会有难题呢？

在学习中，可以参考下面的方法来锻炼自己逆向思维的能力。

1. 正逆思维联结，加深对概念、规律的理解。有许多概念、规律是互逆的。对这些互逆概念、规律的学习，既可以由因索果，又可以由果溯因，采取正逆思维联结的办法，我们不仅可以对概念辨析得更清楚、理解得更透彻，而且能养成整体考虑问题的良好习惯。

2.改变思维方向，开拓解题思维领域。解决一个复杂问题的思考过程，往往是正向思维和逆向思维交叉进行、互相补充、互相结合的过程。在学习中，对习题的解答，我们往往习惯于正向思维。若解题思维在某方向受阻时，转向另外的思维方向去考虑，往往会收到意想不到的效果，使思维进入新的境界。

开发神奇的想象力

爱因斯坦说："想象力比知识更重要，因为知识是有限的，而想象力能涵盖整个世界，推动着进步，成为知识进化的源泉。"

既然想象思维如此重要，那么，该如何应用到学习中呢？学优生郑徐兵在谈起学习体会时说，学习历史离不开思考和想象。他说：

我认为在历史学习中经常思考和想象是十分必要的。死背课本、做大量习题都不是好的学习方法。应该多看书，一遍又一遍欣赏式地阅读，当然也可以有选择地看。看书须仔细，做到点滴不漏。纵向、横向联系历史，有思考有比较。例如，世界史中讲到冷战局势演变时，就应该想起中国内外政策的演变以及它们之间的内在联系；读到东南亚经济起飞时，就应联想到东亚形势；读到战后资本主义高速发展时，就应想起中国此时的经济发展形势。在这种边思考、边联想的过程中，我们就把历史知识记在心中了。在复习阶段，我还把考纲所列的内容形成复习提纲，找到几条联系历史事件的线索，将整个历史知识编成一个巨大的知识网。

其实，不仅仅是历史，在学习别的科目时，同样可以运用想象思维来增强学习效果。例如，学习化学中溶液这个概念，头脑中应想象出一杯水放入一小勺白糖之后成为糖溶液的过程。这里水是溶剂，糖是溶质，糖的重量在溶液重量（水和糖合重）中的百分比就叫浓度。如果继续放糖则浓度越来越高，放到一定时候糖不再溶解了，就饱和了。如果是 100 克水放入 ×× 克糖饱和了，则说明糖此时的溶解度为 ××。通过这样的想象，有助于对溶液、浓度、溶解度这些概念的理解和掌握。

再如，学习地理中地球"自转"的概念，头脑中应想到"坐地日行八万里，巡天遥看一千河"的壮观景象，即想象自己坐在地球赤道某一点不动，地球自转一周，等于自己在宇宙中行走 8 万里。向太阳的一面是白天，背太阳的一面是黑夜。这样一想，自转的概念就好理解了。

总之，想象力非常神奇，不仅是我们开发智力的重要内容，而且对我们提高学习兴趣、发掘学习中的乐趣都有非常重要的意义。愿每一名中学生朋友在年少时都展开想象的翅膀，在知识的海洋中尽情驰骋。

在实践中培养想象力

　　一切客观实体都是有形的，而它们存在的形式、形状就是我们产生想象的基础。例如，黄山的"猴子观海""迎客松"等，都是人们对客观事物想象的结果。每当我们看到一处奇景、一个特色鲜明的事物时都不妨想一想：它像什么？它使我们想起了什么？通过这样的训练，也能培养自己的想象力。

　　俗话说："百闻不如一见"，阅历丰富的人，知识储备才丰富，知识储备丰富才利于通过夸张和联想等方式创造出更多的想象。而课堂之外的天地是极其广阔的。因此，学生要利用各种机会走进大自然，去观察山川河流，去观察草木鱼虫；平时要多接触社会，去体验人间冷暖去感受世态炎凉；在生活中要有意识的捕捉形象、积累知识，从而为自己插上想象的翅膀。

第 *9* 章

重视合作：
充分利用身边资源

有些学生单兵作战，只关注自己不观察别人，不会从别人身上汲取好的经验，不重视学习中的交流，有了问题自己"钻牛角尖"。对这样的学生来说，解决问题之道就是要把眼光多向四周看一看，学会取长补短，遇到困难要懂得利用身边的资源。

取长补短，通过交流来提升自己

每个人身上都有优点，我们要学会从他人身上汲取营养，吸收经验，从而达到事半功倍的效果。

合作交流才能共同提高

孔子曾说过"三人行必有我师""独学无友，则孤陋而寡闻"。因此，如果能在学习过程中经常与同学和朋友交流合作，对你的学习将会有很大帮助。而且随着社会的发展，现在的人们越来越强调合作的重要性，一个人不可能掌握全部的知识，只有通过合作才能实现共赢。

同学们在一起的时候，为了加强合作、交流，调动学习气氛，提高学习效率，可以利用以下几种方式。

●讨论难题

一个人自学，疑点难点一时不容易弄明白，往往难以打开思路。如果几个同学在一起相互讨论，各抒己见，就容易得到满意的答案。

●上台讲课

如果几个人在一起，一个人像教师一样走上讲台，"讲授"学习内容，其他同学边检查边补充，这样就能有效而全面地掌握学习内容，因为听一遍或读一遍，一个月之后可能就忘了，如果教人一遍，便可能终生难忘。

● 对答记忆

在学习过程中，可以通过自己反复听、反复读、反复写等方法进行记忆，但一个人单独记忆难免感到枯燥，容易抑制思维。一种好的记忆方法是，几个同学一起记忆，彼此提问，互相回答，一个人回答不出来，其他人可以提示，而且几个同学之间还带有竞争性，这样就能刺激思维，增强记忆效果。

以平常心对待竞争

竞争无处不在，学习中也充满了竞争，它就像一把"双刃剑"，用好了利人利己，可以大大促进自己的学习；用不好则会误人误己，不仅会阻碍自己的学习，而且会影响到同学之间的感情。因此，对竞争我们要有清醒的认识。

在一个班级里，学习成绩、文体比赛、劳动竞赛，甚至课余爱好，都会使同学之间产生竞争。但是，在学生的心目中，最普通也最"残酷"的还是学习成绩上的竞争，也就是在考试分数上比高低。本来如果竞争得当，的确是一件很有益的事，但有些同学为了实现这一目标，使用的却是消极竞争的策略。比如，有的同学为了麻痹竞争对手，就在班里故意不学习，装出一副很轻松的样子，但是回家后却加班加点地"开夜车"；有的同学把学习上的竞争泛化到与同学的一般交往上，不仅在心理上忌妒对方，而且还会做出轻视对方的各种言行，甚至有时会在背后诋毁别人。这种消极竞争的做法，其实是一种心胸狭隘、不会学习的表现，是我们学习路上的"拦路虎"。它不仅使我们无法获得真正的友谊，而且也使我们无法吸收、借鉴别人的长处。另外，它还会影响我们的身心健康。

积极的竞争应是在一种友好的氛围中进行的，它能够实现自己和同学成绩的共同提高，而不是自己成绩上去了，却把同学踩下来。因此，会学习的同学必须彻底抛弃这种狭隘的消极竞争，学会积极竞争。

对待同学之间竞争的正确态度应该是：既不回避竞争，也不盲目竞争——竞争的目的不是压低别的同学，而是提高自己，它要求我们必须做到以下几点。

● 借助竞争激发潜力

在竞争的条件下，人们的自尊需要和自我实现需要更为强烈，对竞争活动会产生更加浓厚的兴趣，克服困难的意志更加坚定，争取优胜的信念也更加强烈。我们要从主观上认识到这些，树立积极的心态，为了取得竞赛的优势，全力以赴，充分发挥自己的能量与创造性。

● 找到适合自己的目标

竞争的目标应该是有层次、多样化的，如果只盯住顶尖的位置，或者只在自己不擅长的方面与人争锋，势必经常遭受挫折和失败，容易让人产生挫折感、失败感与自卑感。因此，我们应根据自己的实际情况，找到适合自己的目标。这个目标不是唾手可得的，它需要我们付出努力，但又不是遥不可及的。

●学会与自己竞争

过去的你和现在的你肯定不一样，将来的你也不会和现在一样。因此，要学会对自己做纵向比较，看自己哪些方面进步了，还能取得什么进步，这也是一种竞争。而且，这种竞争有助于你正确看待同学之间的竞争。

●抱着合作的态度参与竞争

这才是真正的明智之举，不仅获得了竞争的动力，而且避免了对同学采取忌妒、贬低和仇视的态度，有助于维护同学之间的友爱及培养集体精神。

●适时心理调整

当竞争过频或过强时，就容易产生紧张、忧虑、自卑等消极的情绪体验，不利于自己的身心健康。如果出现这样的情况，可以通过适当降低竞争目标、改变竞争对手、转移竞争取向等措施，及时加以调整，以消除过大的心理压力。

其实，合作与竞争是相辅相成的，只有把两者有机结合起来，在"比、学、赶、帮、超"的氛围中，竞争双方的学习才能得到最大限度地提高。因此，具体到自己的学习中，一方面是努力超过对方，另一方面也要和同学友好相处。你有问题可以诚心地问他，他有问题来问你的时候，你也应该认真地给予帮助，如果两个人都不能解决，则可以一起共同研讨。

总之，我们要正确对待同学之间的竞争，既要保持一种锐意进取的精神状态和斗志，又要保持一颗平常心。要让竞争朝着积极、良性的方向发展，并以此来激励和促进我们的学习。

名师点睛　可以借鉴但不要照搬

上了中学，教师总是会强调学习方法的重要性，一般来说，也会找一些学优生介绍经验。这个时候确实应该认真听，因为上去的同学只讲几分钟，所以他们讲的都是自己的精华，无论是出于尊重还是学习的目的都应该认真听。但是听者必须保持清醒的头脑，别人的方法并不是万金油，到自己这儿需要过滤一下，去粗取精，挑适合自己的用，或者你坚信自己已经有了最好的方法，就干脆完全不吸收。要是别人怎么做自己就怎么做，今天看着这种方法好，明天看着那种方法也好，你就会成为别人思想的奴隶。

会问善问，提问也要讲技巧

学问，学问，就是既要学，又要问，但提问也是要讲方式方法的，盲目地问会适得其反。

把问题集中起来问

问题最好集中问。这时便凸显出杂记本的重要性，杂记本上的问题积攒到一定程度就可以跑一趟教师办公室了。

"递条子"也是问问题的好办法，就是把问题列在字条上交给教师。第一，教师可以清楚地看到问题，并留有思考的余地；第二，通过问题，教师可以得知我们学习中的某些症结；第三，节省了双方的时间。

在这里提出了两点：一是准备一个杂记本，专门记录自己没有弄清楚的问题。二是通过"递条子"的方式来向教师提问题，节省时间。

但是，问题得到解答后并不是就万事大吉了，问到的答案一定要记清，这点至关重要。因为迷惑或犯错之处正是知识掌握不牢之处，暴露出来是件好事，记住了不再犯就是查漏补缺，是提高成绩的有力手段。建立专门的问题本就是一种好方法，要及时记录并时常翻看，把弱项变成强项。

提问之前先思考

1. 问之前自己一定要深思熟虑，自己确实难以解决的问题再去问，而不是见疑就问。自己不主动深入思考，不但不会提高学习成绩，反而影响自主学习的能力。

2. 问要问到点子上，要针对自己的疑难要害处发问，真正明白自己什么地方不懂，一针见血。

3. 不要问偏题、怪题，例如，"为什么平面斜截圆柱体会得到椭圆"，除了做过特别研究的人之外，即使是教师，也很难回答这个问题。因此，问题一定要在平时学习的范围之内，不要"钻牛角尖"。

名师点睛 应该避免的提问方式

1. **不思先问。** 问题不经过自己的独立思考，盲目发问，就无法对问题有深入的认识，最后只是得到一个答案而已。

2. **重复发问。** 已经问过多次的问题，再遇到还是不会，根源是没有对问题进行总结和反思，从而形成这次不会、下次还不会的恶性循环局面。

第 **10** 章

决胜考场：
掌握应试技巧

　　有些学生会遇到这样的问题：平时什么都会，小测验也经常拿高分，但一到正式的考场就犯晕，以前做起来很轻松的题目现在也磕磕绊绊，甚至全无思路。为什么会出现这种情况呢？最主要的原因就是没有掌握考场心理和应试技巧。

释放压力，考试并不可怕

很多学生在考试前夕总是紧张急躁，这是由于压力过大导致的，要懂得释放，心理越放松，考试时思路才会越敏捷。

用平常心对待考试

在考试中，有很多同学并不是知识掌握得不全面，也不是复习得不到位，但最后的成绩却总是不尽如人意，原因就是考试前没有把心理状态调整到最佳。紧张、恐惧、考前失眠……这些问题成了很多同学考试中的"拦路虎"。因此，要想提高考试成绩，就一定要注意调整自己的心理状态，争取用最佳的应考状态迎接考试。

这就需要同学们能以平常心对待考试。经过系统复习，大家对自己的学习能力大致有了了解，在考试中只要考出自己的真实水平即可，千万别奢望什么超水平发挥，因为往往越是对自己要求高，越不容易发挥自己的真实水平。

那么，怎样才能使自己拥有一颗平常心呢？

首先，在考试前夕，千万别觉得自己复习得不够，要相信：凡是复习到的，你都很好地掌握了，你要立足于现在已经掌握的知识，灵活运用，巧妙运筹，去应对考试。要知道考试也并非面面俱到，它也只是几张试卷，并且出题范围、难易比例都是有严格限定的。信心是成功的保障，没有信心，你就失去了应对考试最强大的武器。

更重要的是，对大考前练兵考试的名次不要放在心上。一定要通过练兵考试找到自己的弱点，并及时拿出解决的方案。如果练兵考试一直考得不错，那千万不要扬扬自得，因为很可能你还有弱点未显露出来；如果偶尔一次考得不好，那你应该高兴才是，因为这为你提供了努力的方向。要通过考试总结，找出失利的原因：是因为哪部分知识没掌握好，还是考试准备得不够充分，或是考试时心理不稳定？然后，根据自己的不足，找出努力的方法及方向，有的放矢，根除隐患，向成功又走近了一步，这难道不是值得高兴的事吗？

稳定情绪最关键

不管是中考还是高考，都像一场旷日持久的战争，你自己则是这场战争的指挥官，无法想象一个气急败坏的将军能赢得战争的胜利。同样，一个急躁而情绪不稳定的考生也很难取得理想的成绩。

也许有人要说"心平气和"这4个字说出来容易，要真正做到绝不是一件简单的事。是的，的确如此。面对考试，无论哪个考生肯定都会感受到或大或小的压力。成绩好的想考重点，成绩一般的想考本科，成绩差一点的只求能考上大学就行，各有各的目标，各有各的压力，而且父母、教师的殷切期望加在身上（尤其是对成绩优异的同学）更是一种沉重的压力。压力有一定的正向作用。在一定限度内压力往往就是动力，能催人奋进。但当压力过大时其负功能也很明显，即容易使人产生慌乱、焦灼不安等情绪，神经绷得太紧常使人无法进行正常的思维和判断。

当然，要做到心平气和，决定性因素还在于考生自身，应注意以下两点。

●达观地对待考试

凡事不可偏执，不能走死胡同。把一切都看淡些，心胸开阔一点儿，达观一点，有时甚至不妨有一点宿命论思想。这样才能不骄不躁，心平气和。要知道，能考上尤其是能上好大学的同学终究是少数。即使考不上理想的大学，也不过是大多数失败者中的一个，何必那么想不开呢？

●理智地对待环境

也许父母和教师加在你身上的压力很大，也许你周围的同学都在废寝忘食地拼命学，于是你也不由自主地受到感染，手忙脚乱起来。这时千万要理智一点，时刻提醒自己：别人是别人，自己的事要自己把握。不能看见有的同学 5 点起床就也跟着 5 点起床，有的同学晚上 12 点睡觉也跟着晚上 12 点睡觉，这一点非常重要。

考前不要轻易许诺

考前不要对教师、亲人、朋友轻易许诺"我一定要考 ×× 分"。除非你真有百分之百对压力的承受能力。这样的许诺无形中等于给自己套上了枷锁。铿锵的誓言固然可以讨得教师、亲人的一时欢心，但你付出的代价可能是沉重的。

考前轻易许诺对自己的备考心态影响很大。你会经常想：诺言实现不了怎么办？于是乎，害怕失败的阴影悄然而至，患得患失的心理最不利于专心学习，心灵上的沉重负担甚至可能影响你的正常发挥。在考场上碰到一道难题难免就会浮想联翩：落榜了怎么办？怎么向父母交代？心理上已被打败的人，很难在现实中不被打败。

但是，不定预期目标，并不意味着不定目标，正确的做法简要介绍如下。

以具体的目标取代预期的目标。不去想上什么学校，而是考虑这个月该完成哪些计划，今天晚上该看哪些书。当你的注意力都用在脚踏实地地干好每一件事上时，就没有时间胡思乱想了，心里也就不会有负担了。

注意调整，用最佳状态迎接考试

能否考出好成绩，实力是关键因素之一。但是，也不要小看状态的影响。在考前，一定要想办法把自己的心理和身体状态调整到最佳。

快速解除身体疲劳

考试前夕，身体疲劳在考生中非常普遍，它是导致生理疾病的重要原因。因此，为了保持考生身体健康，缓解疲劳是维护考生身心状态平衡的重要因素。

和心理疲劳一样，身体疲劳就是人体细胞不能及时补充氧能量而导致细胞加工厂缺乏动力，不能高效率、高质量地生产出维持生命机体的养分。机体养分缺乏，代谢减慢，便会出现腰酸背痛、头晕倦怠等疲劳现象。

考生紧张的生活节奏，机体所需养分增加，从而增加机体细胞的负担。因此，他们比一般人更容易产生疲劳感。如果不能及时恢复会诱发疾病，产生学习效率降低、心理压力过大等种种破坏身心健康的因素。

消除身体疲劳的方法如下。

1. 安静休息法——睡眠：高质量的深度睡眠有利于疲劳的迅速解除。

2.活动休息法——运动：运动时愉快的心情也对消除大脑和身体疲劳、恢复大脑的工作效率起着良好作用。

3.心理调节：积极向上、乐观愉快的情绪能加速消除疲劳。

4.供氧充足，细胞含氧量增加，会使疲劳的细胞很快恢复。

以上多种方法相结合，让你在心理及生理上处于最佳状态，就一定可以帮助你摆脱各种困扰，让你能够以更充沛的精力去学习更多知识，在竞争中把握更多机会。

考前调节生物钟

在考试前，不少考生已逐渐进入临战状态。为争取时间，有的考生拼命熬夜，以至形成习惯，第二天上课就开始犯困；还有的考生一直有夜间用功学习的习惯，夜越深其精力越好。毕竟考试在白天举行，考生应让自己的兴奋时间与考试时间相吻合。因此，应尽量保持良好的作息习惯，已经是"夜猫子"的同学应尽快开始调整生物钟，以适应考试。

考生可以根据考试科目来安排复习、调整生物钟。

人在某时间段内最适合学什么是有规律可循的。考生可以参考下面这个时间表对自己的生物钟进行适当调整。

6时至8时：头脑最清醒，体力也很充沛，是学习的黄金时段，可安排较难掌握的学习内容。

8时至9时：此时人的耐力处于最佳状态，可安排难度大的攻坚内容。

9 时至 11 时：此时短期记忆效果很好，进行突击记忆，学习可事半功倍。

13 时至 14 时：可午休。午饭后人容易疲劳，春夏尤其如此。休息调整一下，可养精蓄锐，下午的学习效率会更高。不过，午休时间不宜过长，半小时左右即可，不宜超过 1 小时。

15 时至 16 时：休息调整后精神状态较好，此时长期记忆效果较好，可合理安排那些需"永久记忆"的知识。

17 时至 18 时：是进行复杂计算和有难度作业的好时段。

晚饭后：应根据各人情况妥善安排，语、数、外等科目交叉安排，也可难易交替安排，以防在一科上花费过多时间，而产生疲劳且效率不高的问题。

笔者提醒考生，每个人都有其自身特点，如何做到遵循规律，更高效地复习，就要求考生首先要了解自己，对自己的生物钟有客观真实的分析。

如何避免考前综合征

　　每个考生都期望自己能从容不迫地进入考场，并在考试时沉着、冷静，充分发挥自己的最高水平。然而，遗憾的是有不少考生每逢重大考期临近，就陷入极度的紧张和焦虑不安的状况。严重者会出现头晕脑涨，吃不下、睡不着等症状，这种情况在医学上称之为"竞技综合征"，亦称"考前综合征"，这是一种适应障碍的表现。那么，怎样才能摆脱这种心理状态，以饱满的情绪和充分的信心去面对即将来临的高考呢？

　　"考前综合征"的产生主要与以下四个因素有关：一是个体的心理素质和心理承受能力。二是来自考试和其他相关的外界压力。三是自己对考试的信心和认识。当然，提高心理素质和心理承受能力非一朝一夕之事，但针对后两个因素采取对应措施还是行之有效的。如正确认识和对待升学考试，在心理上要允许自己失败，在行动上则根据自己的学习情况和身体情况制订复习计划，按部就班地进行复习，做好充分的考前准备。四是要相信自己的实力，既不刚愎自用也不妄自菲薄，这样你就能坦然面对中考、高考。

　　例如，考前一周内不要把复习安排得过于紧张，要保证充足的睡眠；考试当天不宜去得太早，也不宜匆匆"赶考"而引起心跳加速，以慢步行走提前 15 分钟到考场为好。此时更不要向同学提问或讨论问题，以免因某一点不懂而产生连锁反应，影响你的信心和情绪，从而影响临场发挥。

细心冷静，不无谓丢分

在考场上，最关键的就是要细心冷静，强调的是一个"稳"字，有的同学审题不仔细，没看清题目就开始做，结果答非所问；有的同学书写不规范，不注意答题格式，最后无谓丢分；还有的同学看到容易的题目就大喜过望，结果导致乐极生悲……

动笔之前审好题

审题是答题的关键，我们必须认真仔细地审好题目。但是，偏偏有很多学生急于动笔，还没有弄清楚题意就急于答题，答了一部分，看看不对劲，回过头来重新看题目，才知道自己离题了，结果不仅浪费时间，而且把卷面涂得乱七八糟。更有甚者，在考场上完全没意识到自己答错了，造成下笔千言、离题万里，直到下考场对答案，才知道自己看错题了，后悔莫及。

因此，做题时不要急躁，审题是关键。一定要认真读题目的每一个字，弄清出题人的真正用意，千万不要想当然地没读完就开始做。每道题最好认真看清已知条件，即使时间再紧张，看清题目也是至关重要的，否则必会造成不应有的失误。例如，"不"字的存在与否使答案有可能完全相反。殊不知，有多少做题高手就是在审题这一步上跌得头破血流，甚至遗恨终生。

那么，如何避免审错题呢？这里有8个字可供参考，即"慢看轻读，客观思维"——只看容易出错，读出来就不容易出错了，当然，最好是不出声地默读；遇到自己做过或似曾相识的题，切莫麻痹大意，不能草草地看完题目之后就想当然地"依葫芦画瓢"，而应"咬文嚼字"，推敲题意，具体问题具体分析。

对比较复杂的题目，应仔细看几遍，弄清题意再做题。第一，弄清楚已知条件是什么？要求是什么？将条件和结论区分清楚，这是运用知识解决问题的开端，是极其重要的一步。对题目中一些关键性的字、词、句，应仔细分析，多方面琢磨推敲，切不可不弄清楚题意就匆忙答题。第二，当一时弄不明白、无法作答时，要回头想想题目中所给的已知条件是不是有忽略的？隐含条件是不是没有全部挖掘出来？条件和结论有哪些本质联系？第三，找出题目中条件之间的联系并确定解题途径。对两道类似的题目，还可采取比较的方法，比较它们的相同点和不同点，以提高自己的审题能力。

规范答题不丢分

有的同学考试时题题都会做，离开考场后"自我感觉良好"，但考试成绩却并不理想。究其原因，是由于字迹潦草，书写草率，不懂答题规范，因而被扣掉不少分，这种丢分可以说是最冤枉的了。

在这个问题上，学优生张鸣一同学深有感触。张鸣一说，语文学科是他的弱项，他在参加中考前写字有些潦草，但他最终还是克服了这一弱点，语文取得了 113.3 分的好成绩，基础知识部分没出现一道错题。他提醒考生，在答语文试卷时，应该认真工整地书写每一个字，不要在书写方面丢分。

在张鸣一同学看来，答卷时字不一定要写得很好，但要力求清楚，让评卷人易读易认，不至于误解你的意思。卷面整齐、清洁、格式正确，给人美的感受，评卷者从中获得良好的"第一印象"，在可给分可不给分时给你分，可扣分可不扣分时不扣你的分，你将受益匪浅。

另外，每次考试，评分标准的制定都是很严密的，怎样答可得分，怎样答不给分都有严格的规定。在考试前，可以通过教师了解各科的评分标准及答题规范，并经过一定的训练，使自己的答题符合规范，这也是获得高分的一个策略。

如解答理科的应用题，一般是按方程给分，能列出解题的方程即可得大部分分。当时间不够时，只要把解题的方程列出，不解出结果也可得到大部分分。

又如，在理科的解题过程中，评分标准有一条规定：因上步错误而影响下步结果错误的，不重复扣分。当你无法解得第一步的结果时，只要下一步解题的全过程写出（解法不能错），也会得到下一步的分数。

不要忽视细枝末节

在考场上，时间虽然很重要，但一定不能忽视细节，尤其是一些答题的注意事项，否则只会白白丢分。一名学生就曾经说过："平时的模拟考试中，我常犯的毛病就是小节不拘，什么标点、单位、数学符号经常丢三落四，闹过不少小笑话。引桥上，出点小错误也许算不了什么；但在千军万马的主桥上，若被这些小节挤下桥去，岂不冤枉。"

在考场上，同学们尤其要注意一些看似不起眼的答题注意事项，有很多考生就是栽在了这些问题上。

1. 字迹不能太"书法"，考生在答题时，字迹要工整、清楚，不要写得太细长，字距要适当，行距不宜过密。

2. 绘图不能单用铅笔。作图题可先用铅笔绘出，确认后再用0.5毫米黑色签字笔描清楚。

3. 禁用涂改液或胶带。考生如果写了错字，千万不要用涂改液或胶带，直接在答题卡上用横线画掉就可以，因为使用涂改液或胶带很可能造成答题卡通过扫描机时卡机。

4. 答题卡页眉和四角处不能折。答题卡如果四角处折皱或是损坏，可能造成答题卡通过扫描机时卡机。

5. 答题千万不能出黑框。因为扫描机在扫描试卷时，只会选取黑框内的内容，如果字迹写出黑框，机器扫描不出来，使阅卷教师无法阅读到。

越感觉容易越要警惕

　　很多时候，人们面对简单、容易的问题时，往往犯一些"显而易见"的错误。同样地，如果在考试中，发现该试卷的难易程度很适合自己的知识水平，或者遇到自己觉得非常简单的题目时，切忌因过度兴奋而"乐"中出错。有些考生拿到试卷一看，感到"容易"得很，于是便不假思索，奋笔疾书，答完后也不细心检查，争着交头卷。结果，答非所问，张冠李戴，因严重失误而失分。很多时候，自己觉得容易的题目别人很可能同样觉得简单。如果自己因为得意扬扬而粗心大意，频频出现因失误而失分的情况，那形势就会逆转，反而对你不利。因此，面对自认为简单、容易的考题，考生应该细心加认真，一定要"在战术上重视敌人"。

　　在考场上，每名考生都希望在拿到试卷时，看到自己熟悉的题型和内容。但是，这种"哦！我见过这个题目"的惊喜心理却容易使自己放松戒备，贸然断定，陷入圈套。而且有一种现象，就是练习量越多，这种倾向就越大，眼熟的概率越高，导致的错误就越多。

　　面对这类题目，更需要用自己的火眼金睛仔细审查题目，不能简单轻率地将准备好的或练习用过的方法照搬照写。因为，很多时候，题目只是表面相似，出题者很可能会针对考生的这一心理在文字上做文章，重新规定答题要求，一字之差，答案可能就不一样。

把握节奏，时间就是分数

考场上的时间，一分一秒都很宝贵，因此要合理安排答题时间，控制好答题节奏，避免浪费时间。

合理分配答题时间

科学合理地分配考试答题时间，是临场发挥出色的重要因素之一。在试卷发下来之后，应该保持不急不躁的心态，沉着冷静地把全部试题浏览一遍，在浏览和确定好做题顺序之后，我们就要考虑怎样安排时间才能完成自己的预定目标，不至于让自己在某一试题上花费过多宝贵时间而耽误其他试题的解答。在分配答题时间时，要通盘考虑试卷的题目类型、数量、难度值等客观因素，并根据这些因素来确定答题时间。

分配答题时间应该注意以下几点。

1. 分配答题时间的基本原则是：易题和少分题少花时间，难题和多分题多花时间，使自己在该得分的地方有充足的时间解答。

2. 心中应该有"分数比"的概念，花 10 分钟的时间去解答一道 10 分值的题目比用 10 分钟的时间去攻克一道 3 分值的选择题要有价值得多。

3. 时间的安排只是大致的整体调度，我们只能大概地计划每一道试题的大概时间与整体时间，没有必要把时间精确到每一小题或每一秒钟。

4. 在答题过程中，要注意自己原来的时间安排。如果一道题本来的计划是 5 分钟，但是过了 5 分钟还是没有头绪，就要先跳过这道题目，看下面的题目，以免因此占用其他题目的时间；但是如果已经接近成功，时间就要适当延长，因为如果跳过，就可能错失解题机会。

5. 在分配时间时，最好留有 5 ~ 15 分钟的时间作为检查时间，如果题量很大，对自己的做题速度又比较有把握，检查时间可以适当缩短。留有检查时间是必要的，不会让自己因错、忘、漏而造成失分，影响成绩。

考试中的时间安排，其实反映的是考生的经验问题。为了达到在考场上得心应手地安排、分配时间，在平时的练习、考试中要思考一些事情的处理方法和解答各类题型的最佳方案，在进行一些有针对性的训练和模拟测试的基础上积累经验。

高效利用检查的时间

由于考试时间有限，很多学生在考试时都是争分夺秒，速度快容易导致一种现象，就是做题时审题不仔细，弄错题意，以致失分。这样的失分，实在令人痛心。还有的时候，出题者知道考生一般会有粗心大意的毛病，故意在问题上做文章，布下陷阱。考生稍不小心，就会失分。要避免上述情况的发生，除了认真审题外，全面检查也是一个消除隐患的好办法。

　　在考试中，主动安排时间自查答卷是保证考试成功的一个重要环节，它是防漏补遗、去伪存真的过程，尤其是如果你采用了灵活的答题顺序，更应该与最后的检查结合起来，因为跳跃式往返答题的过程中很可能造成遗漏，通过检查可弥补这种答题策略的漏洞。

　　因此，答完试卷后，可以稍作停顿，使自己冷静下来，要意识到答完试题只是基本完成答题，并非考试结束。特别是自己觉得试题简单时，切不可掉以轻心，必须仔细检查，不要做完题目就交卷走人。

　　一般来说，考试时试题做完后留给考生检查的时间是不多的。那些能够有大量时间进行全面复查的考生毕竟是少数。为了使这少量的时间充分发挥作用，检查时可采用以下几个步骤。

　　1. 检查自己在答题过程中一时拿不准、用铅笔打了标记的（注意，无论如何要先写下一个答案）。

　　2. 检查运算量较大的题目。为了便于检查，草稿纸要做到题与题分开，有序排列；试卷上的步骤用"①②……"序号标出。

　　3. 检查理科试题数据的单位以及正负号。做题时由于偏重数值很可能遗漏符号。另外，谁也不能保证自己做一遍的题就一定是正确的，检查的时候，要尽量不漏掉每一道题，因为很多时候你觉得非常有把握的题偏偏就容易出错，这是由于你太轻心了，这种错误最让人后悔。

　　4. 检查题目时要特别注意计算过程琐碎又不复杂困难的选择填空题，注意符号和单位，千万不要弄错，再看一看答题卡有没有漏填的，漏填的一定要补充完整。

不要死磕难题

在考场上，遇到难题时要懂得变换思路，不轻言放弃，但如果确实啃不动的话，就得该放手时就放手。某道题目的一个进攻方向或方法不行，要勇于马上变换思路，此路不通还有彼路，"条条大路通罗马"。必要时，甚至屡攻不克的碉堡也可绕过去，否则与自己的克星相持，而白白放过了后面的小 case，岂不冤枉？（试题先难后易的"顺序圈套"屡见不鲜）

需要注意的是，跳过难题要分清情况。如果确实是自己以前从未遇到过的题型，而且很难分析出来，那么可以考虑跳过去；如果是由于一时紧张，觉得题很难做，那么这时不应急于跳到下一题，而应静下心来，冷静分析一下，或许就会豁然开朗。而且，连续跳过的题在一张试卷中一般不应该超过 3 道，尤其是大题，否则会使你心情特别紧张，会做的题反而也做不出来了。

轻松答题，灵活运用应试技巧

在考试中，不怕不会，就怕会了但做不对。为什么会出现这种情况呢？最主要的问题就是出在应试技巧上。

提高答题的准确率

在考场上，要正确处理"准确"与"快速"二者之间的关系。不少考生一看到试卷，脑海中第一个念头便是"抓紧时间把它做完"。的确，考试一般难度较大、题目较多，而时间是有限的，要做完考题就要有一定的速度。于是，这类考生往往有一种"拼命往前赶"的"快速"意识。结果题是做完了，但考试成绩却并不理想。究其原因，这种出于"做完"目的而片面追求"快速"的做法，容易使简单但需细心的题出错。要知道，只有"准确"才是考试得分的唯一条件。评卷者给分是以答题的正确程度给分的。因此，"快速"必须建立在"准确"的基础上。

要提高答题的准确性，应注意以下两点。

● 答案要想清楚才能写清楚

无论考什么学科，都要将答案要点列在草稿纸上，便于厘清自己的答题思路。例如，论述题，要把观点与材料提纲挈领地列出，斟酌一下：观点是否正确、完整？所使用的材料是否真实确切？观点与材料是否统一？确认准确无误后下笔作答，思路就不会摇摆甚至紊乱，文字表达也显得流畅。

● 运用"步步为营"的检查方法，及时确认答案

有的考生采用"赶紧答完全卷试题再检查"的方式，但有可能题目未答完时间已到，或者所剩时间很少而匆匆检查，弄不好把做对了的题反而改错；并且，做完题后检查，修改时必然影响卷面整洁。而所谓"步步为营"，即每完成一步就马上检查，力争"一次到位"，把可能出现的错漏限制在小范围内，并及时发现和纠正。

名师点睛 巧妙利用草稿纸

一张草稿纸上记载了重要的思维痕迹。如果我们在记载这些痕迹时井然有序，将有助于我们保持有序的思维。

因此草稿纸上一定要有合适的规划，不要在一大张纸上胡乱画，避免东写一些、西写一些，而是要在平时就养成习惯，打草稿也要像解题一样，一道一道地挨着往下写，每一题的草稿都写在一起，而且要思路清晰。前面按题号标上"一""二""三"或"1""2""3"或"(1)""(2)""(3)"等，使自己在检查时一下子就能找到它们。